神が創った楽園

オセアニア／観光地の経験と文化

河合利光 著

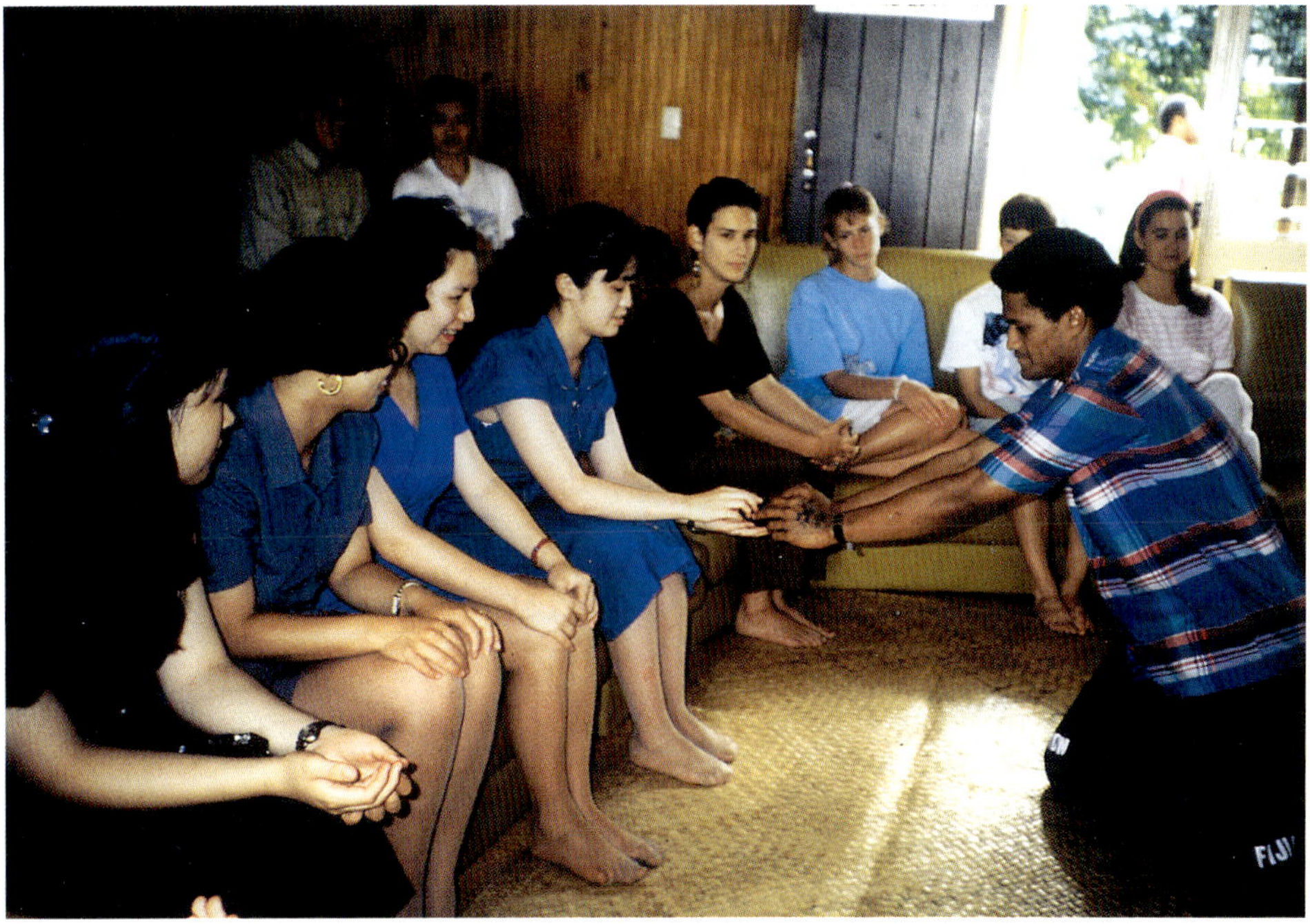

PEACE CORPS
HOPE

はじめに

周知のように、一九七〇年代から一九八〇年代に、経済のグローバル化、都市化と多民族化、近代化に伴う伝統文化の消滅と断片化、政治的対立と抗争など、政治経済レベルの混乱や葛藤に関心が向けられるようになった。南太平洋地域でもまた、そのような文化の歴史的構築性や政治性を重視し、伝統的民族誌に対する批判が行われ、コミュニティ・レベルでの集約的なフィールドワークも相対的に軽視されるようになった。

オセアニアの民族誌的研究でも、そうしたポストコロニアル論的な論争が一段落した一九九〇年代に入ると、心身を含む個人・社会・文化の概念を脱構築して、身の周りの世界と意味を住民がどのように経験し創造しているかに、目が向けられるようになった。その理由のひとつは、宗教紛争が多発して、ポストモダニズムで考えられていたほど宗教は世俗化せず、自然環境の荒廃や健康の安全への不安に直面して、自然（自然環境と身体を含む）の人為性（文化性）に関心が集まるようになってきたことにある。

自然環境と生活世界を、社会中心的・客観主義的に外側から分析するというよりも、世界内存在としての「生ける身体」（lived body）から論じようとする理論には、第4章で言及するように、さまざまな立場があるが、現象学的な視点からのアプローチを重視するという共通の傾向がある。人間は、自然環境と密接な関わりをもちながら生きてきたし、自身が生を営む生活世界において生じる諸問題に、対処したり適応したりしながら生存してきた。本書での筆者の関心もまた、自然環境・心身・コミュニティを含むトータルな生活世界と、身体化しそれを体現する前概念的認識と生活世界との動態を、フィールドワークによる具体的なデータを通して浮き彫りにさせることにある。

本書では、フィジーを中心に、その周辺地域について書かれた関連の報告書や研究動向を参照しながら、一点現場主義と現地体験主義にこだわることなく、調査地で得られた着想でもってその周辺地域の資料を読むという、比較論的手法を重視している。文化の類型化を伴う「比較」に批判的な見方もあるが、特に文化的つながりのある地域内での研究は、しばしば自身の調査研究の参考になる。

もともと、フィジーでの調査に筆者が関心を持った理由の一つは、そこを初めて訪問する前から進めていたチューク（ミクロネシアの旧トラック諸島、一九七九年より国連信託統治領から連邦制に移行した）との比較に関心があったことにある。チュークで調査を行っていた当時（一九七七〜一九九六年）、筆者は、その基層文化の研究から得られた着想を、文化的つながりがあり、かつ都市化と観光地化が進んで大きく変化した国で確認することに関心があった。そのため、オセアニアではオーストラリアとニュージーランドと並んで政治経済的に重要な位置を占め、南太平洋の十字路とも呼ばれるフィジーは、魅力的に思われた。本書で、パプアニューギニア、ヴァヌアツ、ソロモン、ニュージーランド、フィジー、サモア、トンガなどのメラネシアとポリネシア諸地域だけでなく、ミクロネシアに関する筆者の研究に意識的に言及しているのは、そのためである。

筆者は、かつて、それらの南太平洋の国々を訪問したことがある。本書も、その時ツーリストとして見た外部の視点を糸口にしてまとめられ、全体として外国人が現地で見たり体験したりすることの多いトピックを中心に構成されている。特に、各章で取り上げた観光ガイドブックと旅行ルート、都市や空港の位置、飲み物のカヴァともてなし文化、伝統家屋、民芸品とみやげ物（パンダヌスマット、籠、樹皮布など）、都市化による変化、キリスト教化などは、南太平洋を旅行したり長期滞在したりした時に現地を「楽園」と見るツーリストとしての外部からの視点というよりは、そこに住む人々の日常経験的な見方が重視されている。

いずれにせよ、それは、現実にどのように社会文化が変化したかというシステムの変化や融合、あるいは異文化混交状況の科学的分析というよりは、外部の人と内部の人が、すでに形成された生活の場でもある「楽園」を、異なる立場から、どのように眺めているかという、同一対象の多元的な理解の問題である。小著が、研究書としてだけでなくオセアニア地域の文化理解や相互交流に、少しでも参考になることがあれば幸いである。

著　者

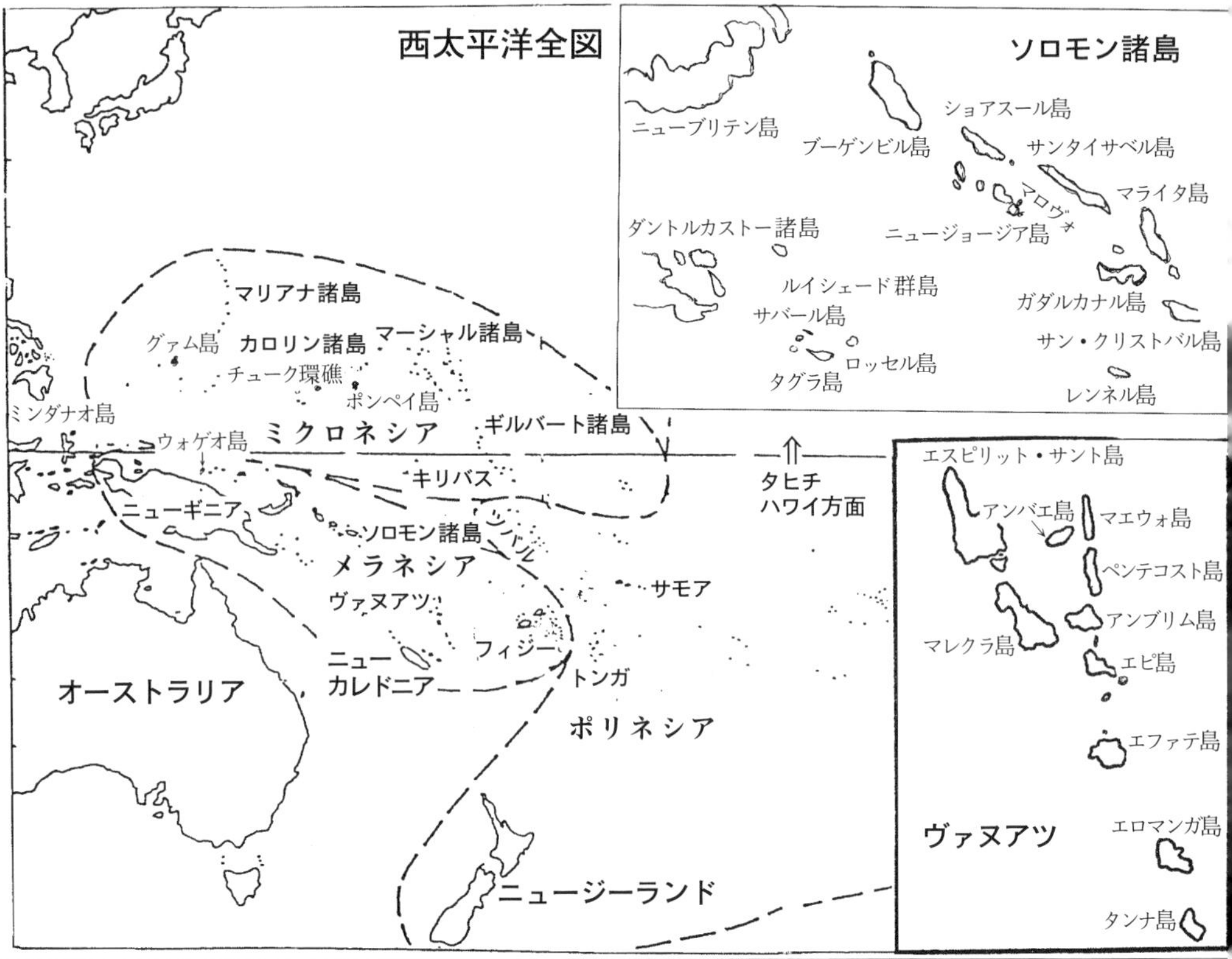
西太平洋全図
ソロモン諸島
ニューブリテン島
ブーゲンビル島
ショアスール島
サンタイサベル島
マロヴォ
マライタ島
ダントルカストー諸島
ニュージョージア島
ルイシェード群島
サバール島
ガダルカナル島
ロッセル島
タグラ島
サン・クリストバル島
レンネル島
マリアナ諸島
グァム島
カロリン諸島
マーシャル諸島
チューク環礁
ポンペイ島
ミンダナオ島
ウォゲオ島
ミクロネシア
ギルバート諸島
キリバス
タヒチ
ハワイ方面
ニューギニア
ソロモン諸島
ツバル
メラネシア
サモア
ヴァヌアツ
フィジー
ニュー
カレドニア
トンガ
オーストラリア
ポリネシア
ニュージーランド
エスピリット・サント島
アンバエ島
マエウォ島
ペンテコスト島
アンブリム島
マレクラ島
エピ島
エファテ島
ヴァヌアツ
エロマンガ島
タンナ島

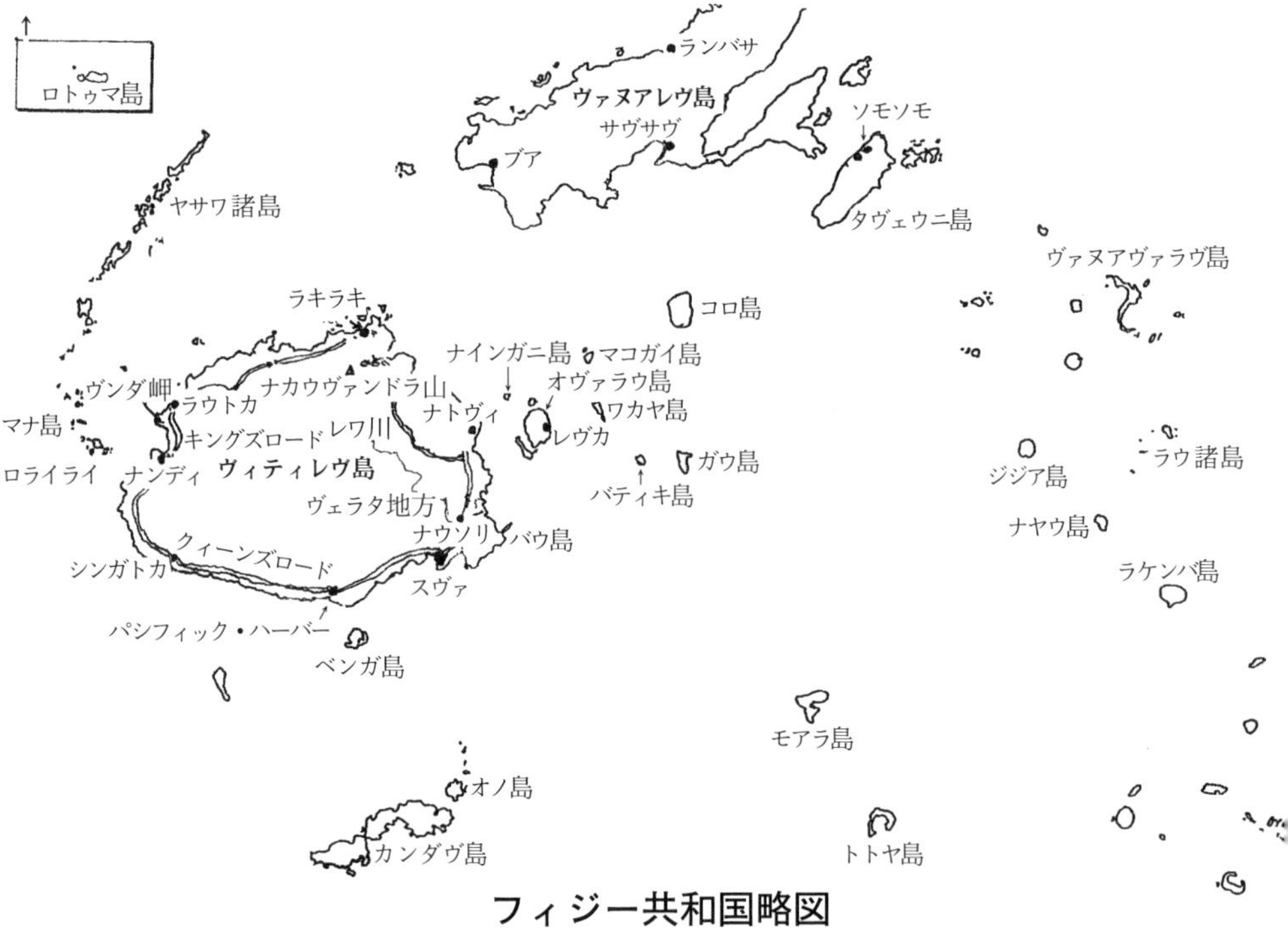
ロトゥマ島
ランバサ
ヴァヌアレヴ島
ソモソモ
サヴサヴ
ブア
タヴェウニ島
ヤサワ諸島
ヴァヌアヴァラヴ島
ラキラキ
コロ島
ナインガニ島
マコガイ島
ヴンダ岬
ナカウヴァンドラ山
オヴァラウ島
ラウトカ
ナトヴィ
ワカヤ島
マナ島
キングズロード
レワ川
レヴカ
ヴィティレヴ島
ガウ島
ラウ諸島
マロロライライ
ナンディ
ジジア島
バティキ島
ヴェラタ地方
ナウソリ
ナヤウ島
バウ島
クィーンズロード
シンガトカ
スヴァ
ラケンバ島
パシフィック・ハーバー
ベンガ島
モアラ島
オノ島
カンダヴ島
トトヤ島

フィジー共和国略図

神が創った楽園―オセアニア／観光地の経験と文化

目次

第6章　女になりたい少年と男になりたい少女―フィジー人の第三の性

第1章
観光ガイドブックを読む

スヴァの目抜き通り。

1. 旅とガイドブック

外国を初めて訪れるとき、まず頼りになるのが観光ガイドブックである。現地文化について一通りの予備知識を持った研究者でも、最初は、どこに宿泊し、どこで食事をしたらよいか、そしてどのようなルートで目的地に着けるかについて不安を感じるものだ。そんな時、旅行会社やガイドブックからの情報は、大きな指針となる。

筆者の手元にも、オセアニア諸国を訪問するために買い求めた幾冊かの観光ガイドブックやハンドブックがある。日本のガイドブックは、旅行の楽しみを強調するかのように、文字よりもカラー写真に多くの紙面をさいている。それに対して、英語で書かれたガイドブックは、全体的に地味で、中には専門書と見間違えるほど、詳しく現地の歴史と文化について書かれているものもある。ガイドブックのページをめくりながら、どこに住むことになるのか、目的の調査はできるかなど、あれこれ思いをめぐらすことになる。

実際に現地へ出かけ、調査研究も順調に進み、現地の文化についてある程度の知識が増えた段階で改めてガイドブックを見直すと、以前とはかなり違った印象を受けたり、その記述についてあれこれ詮索したりしたくなることがある。最初に、現地での調査の知識と経験を基に、観光ガイドブックやハンドブックに書かれているヴィティレヴ島の都市や観光地の位置について、考えることから始めよう。

2．フィジーのもてなし文化

スタンリーが著した『南太平洋ハンドブック』①によると、アメリカ合衆国からオーストラリアへの最初のフライトは、一九二八年のことであったが、その時、ハワイとフィジーが中継地となった。フィジーは、交通の要所として早くから注目されていたことが分かる。一九三七年には、合衆国とニュージーランドの間で、ハワイとアメリカ領サモアを中継地とし、最初の商業飛行が開始された。しかし、太平洋地域のマスツーリズムが本格的に始まるのは、一九六〇年代の半ばのことである。まだ、ヨーロッパと合衆国に偏っていたが、この時代に、日本、オーストラリア、ニュージーランドを結ぶ大量輸送航空機の路線が整備され、グァム、ハワイ、フィジーへのツーリストが増加しはじめた。一九七五年にはすでに、観光収入はフィジーの総収入の六七・七％にもなっている。

フィジーの魅力としてあげられるのは、どのガイドブックでも、明るい太陽の日差し、絵のように美しい砂浜、現地の

写真１－１　ガイドブックとハンドブック
（本文で言及した英語版図書の一例）

人々の明るい笑顔（スマイリング・サービス）、独特の伝統文化、そして整備された観光施設である。とりわけ、現地の人々とのふれあいは、多くの観光客を魅了してきたようだ。

フィジーのどの書店でも見かけるガイドブックの一つに、次のようなフィジー人の紹介がある。

フィジー人はそのように寛容な人々なので、たとえ招かざる無銭飲食の徒にでも、最後の一杯のインスタント・コーヒーであろうと、あるいは最後の残りのジャムであろうと、文句一つ言わず差し出すだろう。訪問者がいれば、村の日常の予定が変わる。畠の除草は中止され、雑用は延期され、ゲストへのもてなしに関心が向けられる。(2)

筆者には最初、このような記述は誇張のように思われた。しかし、実際に現地に滞在してみると、少なくとも、マスツーリズムの始まる一九六〇年代以前には、どこでも現実であったであろうと信じられるようになった。彼らが金銭に関心がないということではないが、郡部にはまだ、カヴァ（フィジー語ではヤンゴナ）と呼ばれる植物の根を一束持参するだけで一夜の宿を乞うことのできる伝統が生きている（第3章で詳述）。筆者自身、初めてバティキ島を訪問した時（一九九二年）、オヴァラウ島の中部諸島（ロマイヴィティ）州の州都であるレヴカの役所の方のご厚意で、直前に電話で連絡しただけであったにもかかわらず、数日間にわたる村総出の歓迎会で迎えられ、驚いたことがある。それ以前に調査のために訪れたどこの国でも、それほどの歓迎を受けたことはなかった。

しかし、このようなフィジーのもてなし文化は、観光地化と都市化が進行するとともに、簡略化される傾向にあることも事実である。スヴァ市の近くの比較的交通の便のよいカンダヴ島と、自給自足的な暮らしを営むラウ諸島のオネアタ島とを比較して、両者の違いを論じたヴソニワイララは、すでに一九八〇年に、都市化の影響が強いほど、伝統的なホスピタリティの慣習が希薄化していると論じている。氏の表現を借りれば、「観光産業が新しいタイプのフィジー人を形成しつつある」[3]。同様のことが、外部の人だけでなくフィジー人同士の関係についてもいえる。貨幣経済が浸透するにつれて、伝統的な価値観と人間関係に大きな変化が現れつつある。人間関係をめぐる葛藤もあれば物に対する執着もあり、広告会社のキャッチ・コピーのようには、単純に「楽園」という言葉で片づけられない複雑な状況も多くある。

とはいえ、現代でもまだ、フィジー人の明るい笑顔と優しさは、この国を旅する多くのツーリストの心を魅了しているようだ。筆者は、調査地への途中でしばしばオヴァラウ島の旧都レヴカに滞在した。そのホテルのフロントには、世界各地から訪れたツーリストのさまざまな思いの綴られた自由帳が置いてあった。それを読むと、美しい自然とフィジー人の親切、そして歴史的なレヴカの街並みへの賞賛の言葉に満ちていた。

そのフィジー人のもてなし文化は、多様な角度から説明できるだろう。その理由の一つは、次節で紹介するような、外部の人々を神のようにもてなす異人歓待の風習があったことに求められる。しかし、よく調べてみると、歓待は必ずしも外国人に対してだけにおこなわれるわけではないことが分かる。スヴァに住む政府の役人が島を訪問したときとか、同じ村人でも久しぶりに帰郷した場合には、盛大な歓迎の儀式が催される。要するに、フィジーのもてなし文化は、外と内の空間の区別の認識にかかわる、より広い文化的要因に根ざす問題なのである。

3. 歓待の心―「側」と「支え」

サーリンズは、一八世紀に太平洋を探検したキャプテン・クックがハワイで殺されるに至った過程を現地の神話的世界観から分析し、それがハワイ人の神話的現実に一致すると論じた。[4] それ以前にフィジーのモアラ島を調査したサーリンズは、外側に住む鬼が、住民に殺された後に蘇生して地元の首長になるという外来王神話のモチーフを分析していた。[5] 筆者の目には、ハワイで殺されたキャプテン・クックとフィジーの外来王とが重複して見えるのだが、いずれにせよ、外部世界から訪れた「異人」が恐れられつつ歓待されて殺され、蘇生して住民のカミになるという両者のモチーフには、確かに共通点がある。

観光客は殺されることはまずないから、全く同じとみなすことはできないが、外部からの訪問者が現地の文化的脈絡の中で解釈され、恐れられつつ歓待されることは考えられうる。事実、外国人はヴァヴァランギ（天を支える意味）ないしヴランギ（天の源の意味）と呼ばれ、天に近い存在とみなされる傾向がある。観光客に相当する言葉は、サラ・ヴァヌア（土地を見る意味）であるが、外国人が来訪神とイメージ的に重ね合わされることは、充分にありうる。

ここで、フィジー人の伝統的もてなし文化を考察するために、スヴァの政府の役所に勤務する白人グループが、慰安のために中部諸島のバティキ島を三日間訪問した際の、筆者の観察記録を参考にしよう。一九九二年の七月末に訪問した二五人の国内ツーリストの多くは、外国から来て滞在期間数年の夫婦、親子、友人であり、独身者も含まれていた。

まず、バティキ島には、ムア、ヤヴ、マヌク、ナインガニの四つの村がある（第5章で詳述）。ツーリストを受け入れたのは、島の中心の村であるムアであった。訪問者はムア村の六戸の家に分宿した。歓迎会では、数日間にわたっておこなわれる儀式を簡略化し、セヴセヴと呼ばれる儀式のみで、ツーリストの持参したカヴァを共に飲んだ。村人からカヴァやタンブア（鯨歯）を贈呈する儀式も、ここでは省略されている。ツーリストは、その後、島のあちこちを見学したり水浴したりして楽しんだ。

写真1－2　アイランド・リゾート訪問のツーリストをもてなす島民たち（バティキ島ムア村）

村全体がもてなしの単位であり、どこの家に客が泊まるかは問題でない。事実、ツーリストからの謝礼は村の首長がまとめて受け取り、後で全戸（十一戸）に分配された。

島民の説明によると、「ヴランギ（外国人）は足側から来て腹（村）に入る」。一般に、海側が足側で、山側が頭側とされている。村はその中間にある「腹」、つまり、食物や心の入る、両側から支えられた器の内側のような空間とみなされる。ツーリストを村に迎えるのは、ちょうど自身の胸と腹部に子供を抱くのと同じである。子供が母親の「腹」に抱かれて世話をされるように、ツーリストは村の内側、つまり村の「腹」に入って、世話というサービスを受ける。

ここで世話と翻訳したフィジー語のマロマロイは、子供の世話をする母親の愛情にも通じる情緒的意味を含む言葉である。それ

写真１－３　ホテルで上演されたメケ・ショー

日常生活で見ることは、もはや少ない。上が力強い男性の踊りで、下がやさしい女性の踊り。（シンガトカ）

ゆえ、ゲストへのサービスは、相手を「支える」愛の表現となる。食事と宿舎を提供し、歌や踊りでもてなすホストの力は「トコナ」と呼ばれる。トコナは、より抽象的には、四角形の四辺が上下、左右から支え合うように、全体として均衡を保ち、その内側（腹）を保護する（支える）意味をもつ。その保護する力が愛（トコナ）である。

例えば、家の内側に招かれたゲストは、家の奥の上座に座らされる。逆に、そのゲストをもてなす人々は、その反対側の通用口の側（下座）を占める。さらに、人々は、左右の両側に、身分に応じて上から下へと順に座る。こうして上下・左右から向かい合って対面し、両側から内側を支え合う形式の座順そのものも、上と下、右と左の四つの「側」が構成する四角形の空間認識が基礎にある。この場合、下側に座るホストが上側に座るゲストを下から支えることになる。要するに、その座席の空間的な座の配置そのものが、その場に集まった人々の支え合いと愛の心（友好関係）を表している（本書第3章で詳述）。

上述のバティキ島でのツーリストへの儀式では、村の広場の一画に建てられた仮小屋で行われ、上座にゲストが、下座に住民が無秩序に座り、カヴァの共飲や歌と踊りで迎えられたが、フィジー人の伝統的踊りは披露されなかった。フィジーアン・ダンスは、すでに西洋文化の影響で変化している。もともとそれは、伝統的な祖霊信仰にかかわるものであったため、キリスト教の安息日である日曜日に踊るのは、禁じられたからである。その代わりに、ムア村の隣村からギターを持った若者たちが大勢集まり、朝方まで無料奉仕した。このような隣村の加勢も、支え合い（トコナ）と呼ばれる。

4. ヴィティレヴ島の空間構成

今まで検討してきた「側」（ヤサナ）と「支え」（トコナ）の認識が現地の人々との日常の身体の経験的感覚と整合性があることは、村や島の空間が人体の腹ないし籠のような生命力の入る器と考えられていることが分かれば、理解が容易になる。インフォーマントは、身体の両側のラインはヤサナ（側）と呼ばれ、その両側が支え合って内側の生命を維持すると述べた。いかなるモノにも、身体と同じように両側があるから、両側に支えられる器と同じと考えられている。したがって、「側」（ヤサナ）そのものに、島や地域の意味がある。逆に言えば、両側から成るのが島や地域である。それは、上と下、右（東）と左（西）のように、二つの「両側」、つまり、四角形の四つの側に囲まれた形象ともみなされる。

ヴィティレヴ島高地のゾロナヴォサ地域で調査したタンナーの次のような報告は、筆者の調査結果とも一致する。

「ヤサヤサ」という言葉は「地域」に等しい。この言葉のルーツは、「側」に相当する言葉と関連がある。この「地域的」空間単位が、政治的代表制、行政、統治の単位と結びつき、政治単位となっている点で、しばしば政治的意味をもつ。同様に、同じ語源の言葉が「州」(ヤサナ)に相当する言葉ともなっている。フィジーはまた、植民地政府により三つ(今では四つ)の行政区に分けられたが、その中の西部地域には、ヴィティレヴ西部とヤサワ諸島が含まれていた。西部地域に相当する言葉は「ヤサヤサ・バカ・ラー」ないし「ムアイ・ラー」であった。(6)

「ラー」は下側を意味する。また、ヤサは「側」の意味である。要するに、西側にあるヤサワ諸島の地名(ヤサワ)もそれに関連があると考えられるが、引用文中の西部地域に相当する言葉は、下側の低い「側」であることを意味している。つまり、島は東の高い側と西の低い側の「両側」によって囲まれて支えられている地域空間の意味でもあることを、その言葉は示している。その「側」に囲まれた土地の内側は、人間や動植物の生きる、生命力(ブラ *bula*)に満ちた世界である。

ヴィティレヴ島そのものが人体ないし魚体の隠喩であることは、次のようなタンナーの記述からも確認される。タンナーによれば、この島は、中央部にあるナカウヴァンドラ山を境に、東部と西部に分かれる。神話によると、フィジーの最初の祖先は、現在のナンディと湾を挟んで対岸にあるヴンダ岬に、カヌーで到着した。祖先は、このヴンダ岬から、北部の海岸に近い山岳地帯にある、ナカウヴァンドラ山に進んだ。その山頂には一本の大きな木があり、その根は、地下を通って、西側のヴンダと東側のヴェラタ（スヴァの空港近くにある地名）へと延びている。(7) 島の中央の山稜は、東側と西側からナカウヴァンドラ山に集まってくる死者の霊の通路であり、その山頂が集合点とされる。神話では、全てのフィジーの子孫は、スヴァとヴェラタの所在地であるタイレヴ州を出発点として、全国の島々へ移住して行ったと伝えられる。

この伝承は、「ヴランギ（外部の人）は足側から来て腹に入る」という、先にふれたバティキ島の伝承とも一致する。ヴィティレヴ島の祖先は、足側（ヴンダ岬）から入り、中央（ナカウヴァンドラ山）に向かって移住した。

もちろん、ナンディとラウトカの間にあるヴンダのヴィセイセイ村がフィジーの伝承上の発祥地とされていることはよく知られており、観光ガイドブックでも紹介されることがある。スタンリーのハンドブックではさらに、その地が、一八三五年に、西洋人がフィジーで初めてキリスト教を布教した場所であることについてもふれている。(8)

首都が東部にあり、国際空港が西のナンディにある理由は、一般に、東西の気候の違いから説明されることが多い。手元の日本語の観光ガイドブックの一節に書かれているように、「観光地になるヴィティレヴ島の場合、東部は雨量が多く、首都スヴァは雨の町と呼ばれているほど。ナンディ国際空港のある西部は乾燥してさわやかな気候。(9)」である。このガイドブックが直接、気候と空港との対応関係にふれているわけではないが、それは、しばしば現地でも耳にする説明である。しかし、筆者には、それ以上の文化的意味があるように思われる。

筆者のインフォーマントの説明によると、フィジーは大きくスヴァ側とナンディ側に分かれる。その場合、スヴァが上・男性・頭側で、ナンディが下・女性・足側である。彼らの思考では、「側」は必ず双数でなければならない。その両方の側の内側に「腹」がある。東西軸は南北軸とも同一視されるから、スヴァの位置する東は北側に、ナンディのある西側は南側に対応する。その四つの側（ヤサないしヤサナ）の四辺の囲む空間が、一つの島を構成することになる。その四辺は互いに支え合い、内側の生命を保護するとみなされる。

以上のような島空間の理解は、南側の幹線道路が「クィーンズロード」、北側の幹線道路が「キングズロード」と呼ばれている理由を説明する。キングは男性を、クィーンは女性を意味するから、北側と東側が男性に、西側と南側が女性に対応することになる。スヴァが首都になったのは一八八二年である。そこがザカンバウ王の居住地であるバウ島の近くであり、政治機関や南太平洋大学その他の教育機関の中心地であるのは、ヴィティレヴ島の「頭」であるタイレヴ州の地理的・文化的意味にも対応することになる。フィジーでは、伝統的大首長の住むバウ島がフィジー全体の「頭」とされてきた。スヴァの地理的位置と政治的機能は、島の神話的空間の中で意味を与えられているといえる。

同様に、ナンディは神話的祖先の到着した「足」側に相当し、国外に開かれた方角にある。さらに、島民の解釈によれば、野外博物館のあるパシフィック・ハーバーは、島の胸に相当する。胸は心の座とされるから、そこに展示される伝統家屋は、いわば外国からの訪問者を歓迎する心の表象となる。

5. 国際線と国内線

ここで、もう一度、観光ガイドブックに戻ってみよう。まず気づくのは、観光地やリゾート地の地理的な位置である。国際線の発着地であるナンディと首都のスヴァに、ホテルが集中していることは言うまでもない。ツーリストのリゾート地は、パシフィック・ハーバーを中心とするヴィティレヴ島の南海岸と、ナンディ／ラウトカの沖合の島々に集中している。フィジーの大規模なリゾートホテルの全てが外国資本である。[10]しかし、現在では、リゾート地はその他の島々にも広く点在している。次章で改めて紹介するが、例えば、中部諸島に限っても、フィジーの旧都、レヴカにいくつかのホテルがあるだけでなく、レヴカから四km先のオヴァラウホリデイ・リゾート、レヴカから一六kmの所に位置するルクルク・リゾート、ナインガニ島のアイランダーズビレッジ・リゾートがガイドブックに記されている。[11]さらに、レヴカのホテルを拠点とする民族観光や離島での民宿などのツアーがある。

　リゾート地との関連で興味深いのは、航空路線である。図1－1は、ケイの書いたガイドブック『フィジー』から、航空路線図をそのまま転載したものである。[12]ここで気づくのは、フィジーの国内便が二つの主要な会社に占められ、しかも発着地を大きく異にしていることである。

　まず、サン（旧サンフラワー）

写真1－4　パシフィック・ハーバーのポスター

伝統文化を紹介する野外博物館。家屋・武器・カヴァの器・衣装が象徴的に描かれている。

写真1－5　スヴァの中心街の一画

正面にサン（フラワー）航空等の看板が見える。

航空は、諸外国から国際空港のナンディに乗り入れた客を、その周辺の町やリゾート地へ運ぶのを業務としているように見える。この路線の結ぶマロロライライ、カンダヴ、パシフィック・ハーバー、タヴェウニ、サヴサヴ、ランバサは、いずれもリゾート地、野外博物館、インド系住民によって開拓されたプランテーション地帯であり、

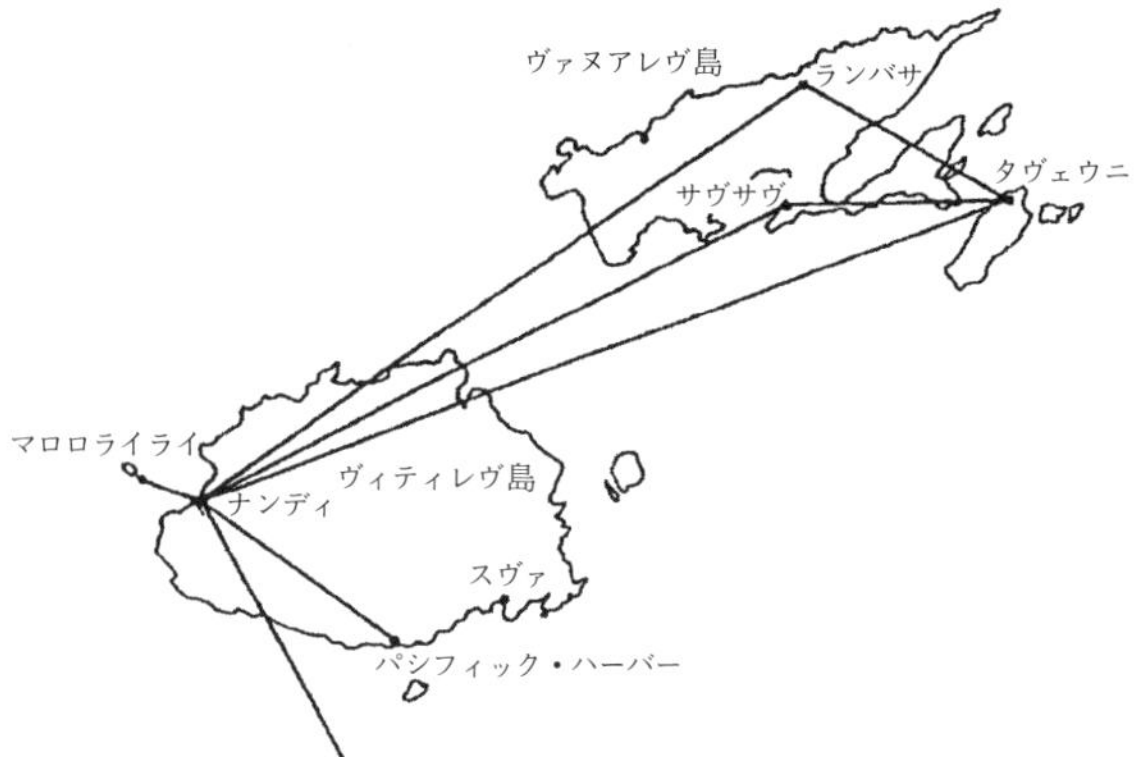

(1) サンフラワー航空路線図

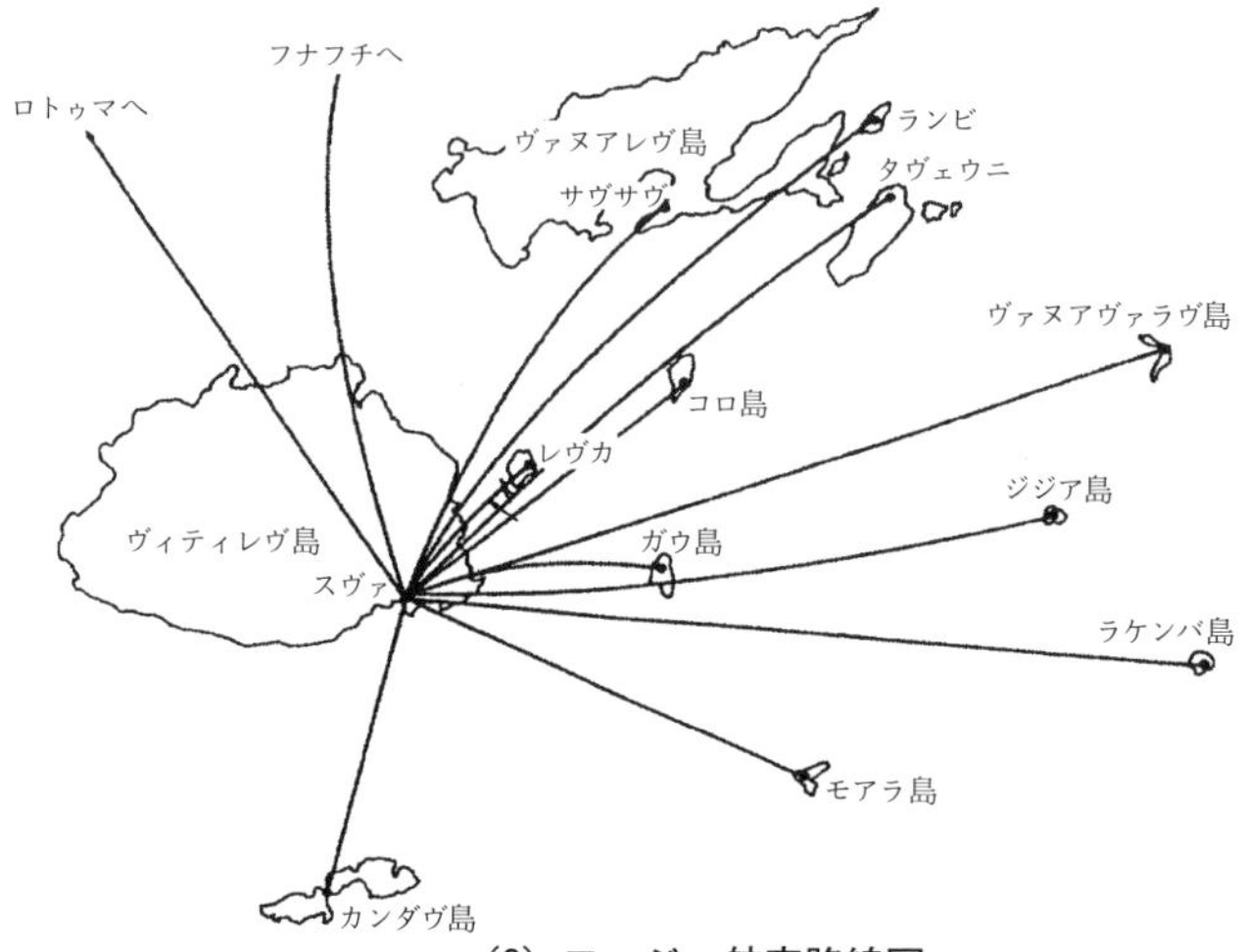

(2) フィジー航空路線図

図1－1　フィジーの国内航空路線図
（Kay 1986：76-77を修正して掲載）

メラネシア系フィジー人の居住地とのつながりが、比較的希薄である。したがって、その路線は、国内便であるとはいえ、国際線の延長線上にあるといえる。

サン航空と似た位置にあるのが、エアパシフィックである。この会社の本部はナンディにあり、サモア、ニュージーランド、オーストラリア、ヴァヌアツ、ソロモン、トンガなど、周辺諸国を結んでいる。国内では、ナンディ国際空港とスヴァのナウソリ空港を往復する便があるが、それは、サン（フラワー）航空と同様、外国から来る旅客を国内の目的地に運ぶ延長の路線と見ることができる。

注目されるのは、フィジー航空の役割である。フィジー航空はスヴァに本部があり、そのほとんどが国内線である。ケイの『フィジー』と同年に刊行されているスタンリーの『南太平洋ハンドブック』[13]のフィジー航空に関する航空路線図には、ナンディから直接、ランバサを経由して、タヴェウニに至る路線が加えられている。しかし、フィジー航空の拠点がスヴァであることは明らかである。ケイはそれについて、次のように明確に説明している。

フィジーはナンディに国際空港を持つが、国内便の中枢は、スヴァの近くのナウソリ空港である。サン航空でナンディから離島（ヴァヌアレヴ、タヴェウニ、カンダヴ、マロロライライ）へ行く幾つかの便があるが、ナウソリで得られる便数に比べると数が限られている。離島の目的地への飛行を望む大多数の訪問者は、（主要な国内便のある）フィジー航空に乗り継ぐため、まず、（エアパシフィックかサン航空を経由して）スヴァまで飛ばなければならない[14]。

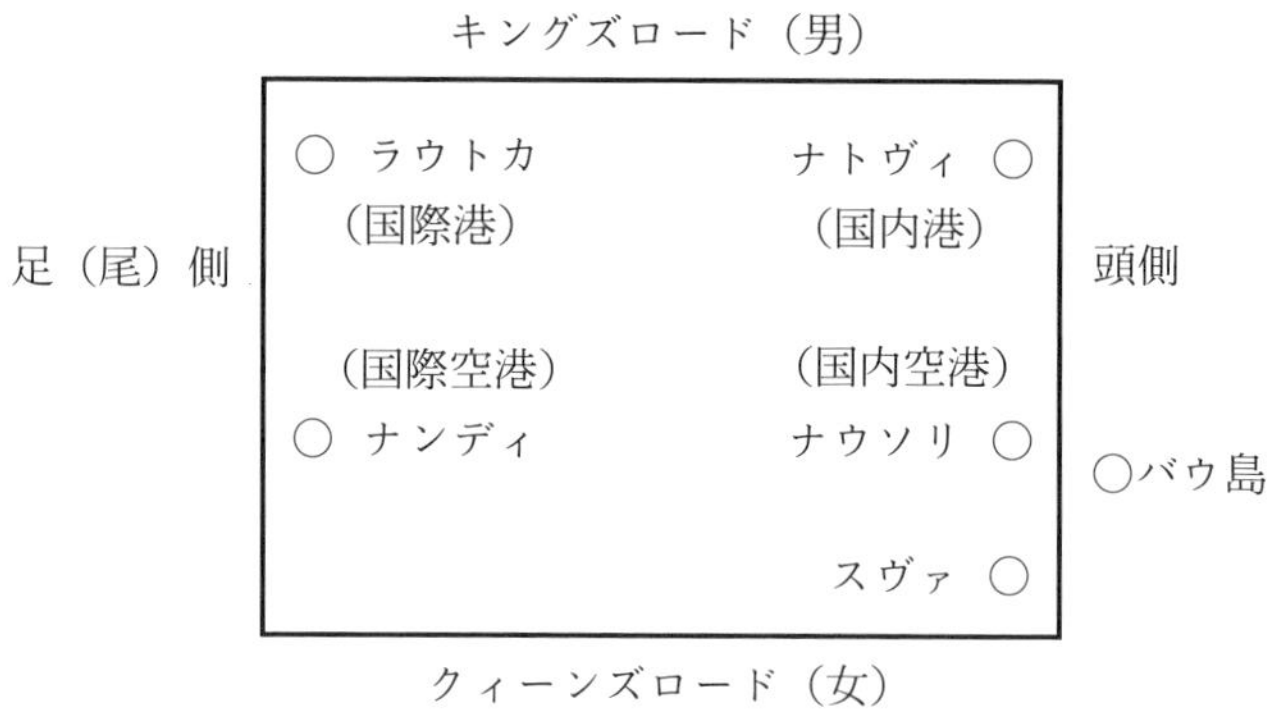

図１－２　ヴィティレヴ島の都市・空港・港の位置関係

このことは、ケイの航空路線図（図１－１）を参照するだけで一目瞭然であろう。同様の観点から船の港の位置を検討してみると、興味深いことに気づく。

まず、フィジーで第二の人口を擁するラウトカは、外国船の拠点であり、スヴァに次いで重要な国際港である。この町は、ナンディから北へ一九㎞の地点に位置し、砂糖黍産業の拠点ともなっている。さらにまた、観光の町としても重要である。ナンディ空港に降りたツーリストの多くは一旦ラウトカへ行き、そこから船でリゾート地の多いヤサワ諸島へと向かう。フィジーを訪れる日本人観光客の多くは、このルートを利用する。

それに対して、フィジーの国内向けの定期船の多くは、ナウソリ空港の北側にあるナトヴィを拠点としている。スヴァがフィジー最大の国際港であり、海外からのツーリストを運ぶフェリー・ボートの一部も、この港から出ている。しかし、注目されるのは、ナトヴィの地理的位置である。ナウソリ空港からも、ナトヴィ行きの直行バスが出ている[15]。ナトヴィそのものは港町というより単なる埠頭という感じが強いが、ツーリストを運ぶフェリー・ボートの拠点であるだけでなく、フィジー全土の島々を結ぶ国内航路の出発点となっている。

ナトヴィの地理的位置はラウトカに似ている。ヴィティレヴ島の交通上の主要な都市や港の理念図をまとめると、図１－２のようになる。全体として四角形になることに留意されたい。

まず、ラウトカがナンディの一九㎞北側の港町であるように、ナトヴィもスヴァから一九㎞北東にある（次章写真2－1参照）。しかし、ラウトカが国際港であるのに対し、ナトヴィは、観光地だけでなく、ナインガニ島、ガウ島、コロ島のような国内の先住フィジー人の多く住む島々を網羅的に結んでいる。その意味で、ナトヴィはナウソリ空港にも似て、フィジーの伝統的色彩の濃い島々へ船で渡る拠点となっている。

次に、スヴァとナンディは、意味的にそれぞれ、上と下、頭と足、右と左のように、対称的に位置づけられる。しかも、その二つの都市は、ヴィティレヴ島の二つの「側」（ヤサまたはヤサナと呼ばれる）を代表する。事実、スヴァ側は「上のヤサヤサ」、ナンディ側は「下のヤサヤサ」と呼ばれる。それゆえ、ナンディからスヴァへ向かうのは登りで、その逆は下りとされる。

ナンディからクィーンズロードをスヴァに向かって進むと、スヴァの手前に、パシフィック・ハーバー（野外博物館）があり、観光客を迎えるホテルが多く並ぶ。ここが島の胸に当たるとされていることは興味深い。

航空路や船の航路も、同様の観点から説明できよう。前節で説明したように、ナンディ／ラウトカの近くのヴンダ岬は祖先発祥の地とされる。そのイメージは、国外に開かれ、国外から訪れる人々の窓口としての国際港と国際空港に受け継がれている。それに対して、スヴァ、ナウソリ空港、及びナトヴィのあるタイレヴ州は、祖先が全国へ移住して行ったという神話上の出発点であり、このイメージはナウソリ空港の国内便やナトヴィの国内航路に受け継がれている。

ここから、空港や港の位置が、祖先の移住した経路と一致していることが分かる。つまり、ナンディとラウトカは外部から祖先が入ってきた到達点であり、次の移住の出発点でもある。タイレヴ州にあるナウソリとナトヴィは、ヴィティレヴ島から他の島々へ祖先が移住する出発地であり、そのような神話的伝承と現代の交通網の位置づけとが一致しているわけである。

さらに付け加えれば、祖先が移動したと伝えられる中央のナカウヴァンドラ山の山頂の木の根が東西へ延びているという伝承は先にふれたが、その山稜の北側（キングズロードの側）は、島の（経済の）バックボーンといわれる。だとすると、ナンディとスヴァの間を旅客の命を運んで往復する飛行機は、まさに島の頭側と足側を背骨に沿って飛んでいることになる。

6．天から来て天に去るツーリスト

スヴァには、政府関係の役所が集中し、世界各国の大使館が置かれ、南太平洋中の人材を養成する教育機関もある。スヴァは、先住フィジー人が言うように、フィジーの「頭」とされている。しかし、それではなぜ、ラウトカに一つあれば足りる港が、スヴァにもあるのだろうか。確かに、首都に直結して運行する国際空港・国際港があるのは、機能的にも必須の立地条件であるから、愚かな質問のように見えるかもしれない。また、近年、ナウソリ空港経由で他国へ飛ぶ便もある。

その理由は慎重に検討する必要があるが、現地の人々にとって、それは必ずしも矛盾でない。スヴァはナトヴィと同様、離島の島々へ移住して行ったという伝承の出発点となった場所、つまりヴィティレヴ島の東側の一画にあるからである。

さらに、ナンディとスヴァは、いずれも天の方向に結びつく方角であることに注目しておく必要がある。観光客は、ヴァヴァランギとかヴァランギ（天の源の意味）と呼ばれることはすでに述べたが、それは観光客がランギ

（天）の方角から現れるとされていることと関連がある。大地を足側とすれば天の側は頭側となるが、島の祖先が離島に拡散して行ったと伝えられるタイレヴ州もまた、天の方向になる。つまり、離島の島々に移住する出発点となったスヴァを含むタイレヴ州は、移住先の離島の島々より見れば、祖先の発祥地（天の方角）である。

要するにそれは、島の内側が、カヴァの器（タノア）の内側のような、両側を囲まれた窪地の空間として認識されていることを意味している。したがって、移住伝承と同様、外国人もまた、天の方角から来て「器」の内側に入り、再び天の方角へ去る存在であると考えられる。ここから、フィジーでも、ツーリスト（ヴァヴァランギ）は、サモアのツイアビの講演集『パパラギ』で描かれた白人（パパラギ）と同様にみなされていることが分かる。「パパラギ（口にするときはパランギ）とは白人のこと。見知らぬ人のこと。でも言葉どおりに訳せば天を破って現れた人。[16]」

注

（1）Stanley, David 1986. p.49.
（2）Kay, Rob 1986. p.67.
（3）Vusoniwailala, Lasarusa 1980. p.104.
（4）Sahlins, Marshall 1981.
（5）Sahlins, Marshall 1985.
（6）Tanner, Adrian 1996. p.238.
（7）Tanner, Adrian 1996. p.239.
（8）Stanley, David 1986. p.342. なお、ヴンダ岬のヴィセイセイ村は最初の祖先が到着した地とされるが、観光ガイドブックで紹介されている例もある（ロム・インターナショナル一九九〇、四六〜四七頁）。その伝承の詳細は、本書七章参照。

(9) ロム・インターナショナル、一九九〇、一一二・一二頁。

(10) Stanley, David 1986. p.300.

(11) Kay, Rob 1986. pp.152-3.

(12) Kay, Rob 1986. 76-77.

(13) Stanley, David 1986.

(14) Kay, Rob 1986. p.75.

(15) Stanley, David 1986. p.334.

(16) ツイアビ、一九八一、扉頁。

第2章

空港のある町

ブレタの集住化とエコソフィー

写真2－2参照。

1．オヴァラウ島への道

前章では、筆者は、ヴィティレヴ島の西側のナンディ国際空港（国際線）とラウトカ港（国際港）、東側のナウソリ空港（国内線）とナトヴィ港（国内港）の位置について論じ、その両側にある空港と港の四点を結ぶ四角形の空間的意味について考察した。その際、ナンディとラウトカの「国際線側」が祖先の発祥地の西・東側の方向で、スヴァ近郊のナウソリとナトヴィのある「国内線側」が東・頭側で、そこが移住した祖先の到着地の方向であることに注目した。それでは、ヴィティレヴ島以外の島も、同じ図式で説明できるだろうか。

写真2－1　ナトヴィ港の埠頭（1991年）

ブレタ空港のあるオヴァラウ島は、中部諸島の州都レヴカのある島である。現在のオヴァラウ島は、旧都レヴカ（一八八一年にスヴァに移転するまで首都であった）をはじめとする豊かな自然や歴史的遺産を活かし、観光の島ともなっている。ここを世界遺産に登録したいという政府の意向もあると聞く。

観光客がスヴァからブレタに行くには、スヴァ北方のナウソリ空港から飛行機でブレタ空港に渡るか、ナウソリ空港の上方にあるナトヴィ港でフェリーに乗り、ブレタ港に向かう（ただし、船で直接レヴカに行くルートもある）。ブレタからレヴカまでの距離は約二〇㎞である。住民たちは、レヴカを島の頭側、ブレタを足側と見ている。ブレタ空港かブレタ港に着くと、自家用車での送迎がなければ、マイクロバスかタクシーで、レヴカその他のリゾート地へ移動することになる。

ブレタは、筆者にとっても、そこに滞在する機会が得られるまでは、州都のレヴカに行く度に見る通過点にすぎなかった。空港から眺めるブレタの住宅地は、西洋化した家の並ぶ小さなタウンに見えた。しかし、そのブレタと筆者が先に滞在していたバティキ島のヤヴ村とが、伝承による親戚であったのが縁で、しばらくお世話になったことがある。(1)

以下では、オヴァラウ島の玄関口であるブレタ空港とその周辺地域を中心に、当時の滞在経験を踏まえ、変化と再統合の過程を考えてみたい。その際、住居の集住化と変化を、単なる近代化・西洋化による伝統文化の消滅と変化という視点からではなく、そこに住む人々の生活世界の再解釈と適応過程から検討する。自然環境と社会文化を含めて全体的に大多数の住民の認識とコンセンサスから捉える見方を重視するが、ここではそれを環境哲学者のネスの言葉を借りて、エコソフィーと呼んでおきたい。(2)

2. ブレタ空港とその周辺

レヴカの街並みだけでなく、オヴァラウホリデイ・リゾート、ルクルク・リゾート等のリゾート地での滞在、離島のナインガニ島へのツアーと民宿など、観光客の収容施設、レジャー、ショッピングのような観光客向けのアトラクションも充実している。

西洋との接触以前のオヴァラウ島は、レヴカ、レヴカの北側にある集落（ヴァカレヴカ）、レヴカとブレタの中

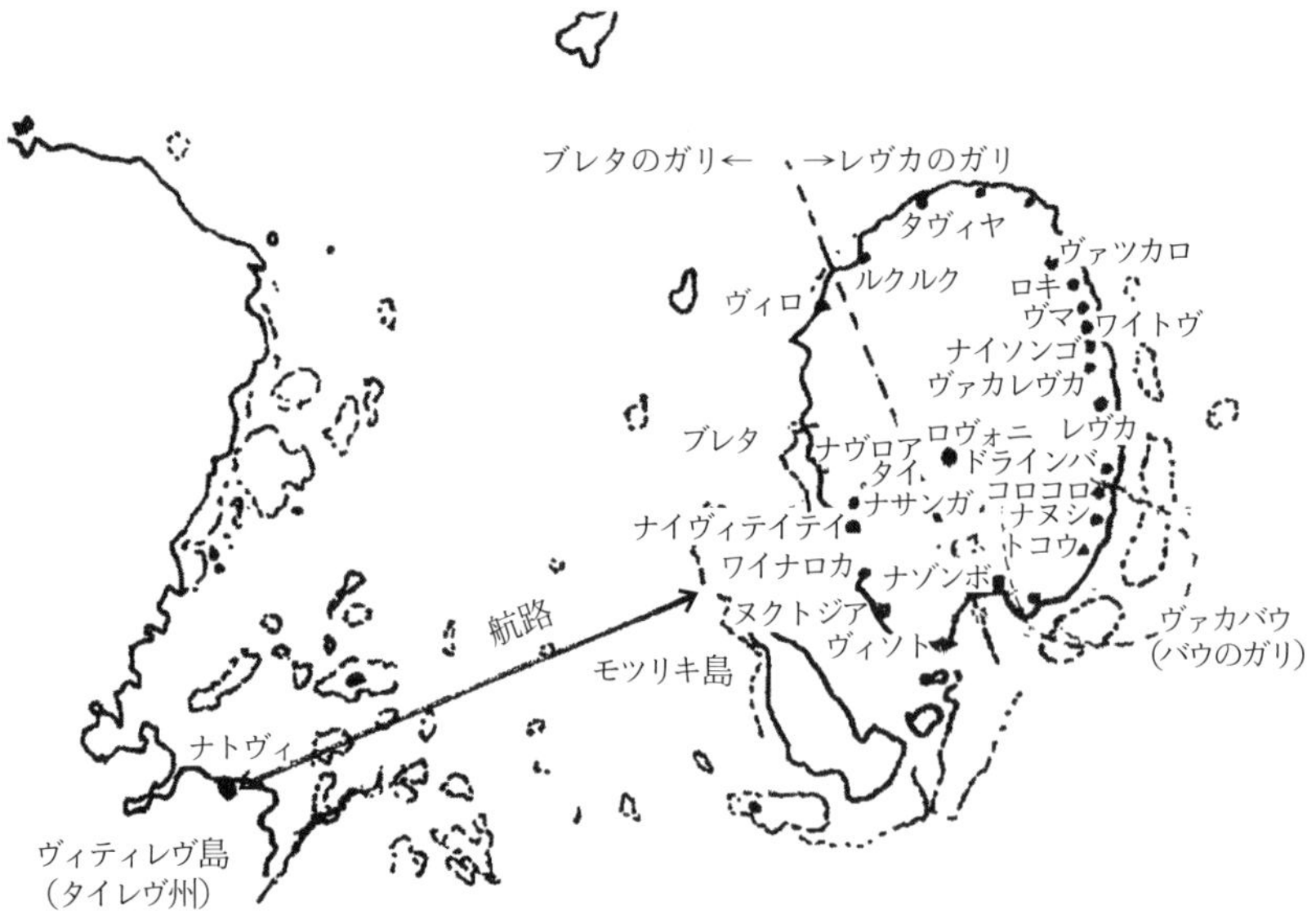

図２－１　オヴァラウ島への航路と地名（河合 2008：26より補足のうえ転載）

間にあるヴァカヴァウ、及びブレタという四つの地域（ヴァヌア）に分かれていた（図２－１参照）。

さらに、その島のほぼ中央に聳える死火山よりできた山頂の盆地には、それらのいずれにも属さないロヴォニの人々が住んでいる。彼らは歴史的には、白人たちの住むレヴカの町を襲った勇猛な人々として知られているが、現在、そこは、観光客のトレッキングの場所となっている。

オヴァラウ島のその四つの地域は、もともとヴィティレヴ島のヴェラタと政治的同盟関係（ガリ *qali*）を結んでいたが、一八二五年以後、当時勢力を拡大したバウに、それを変更した[3]。現在もバウと政治的同盟関係を結んでいるのは、レヴカ側にある四つの村（図２－１の「バウのガリ」）のみである。オヴァラウ島のその他の地区は、いずれもレヴカ側かブレタ側のどちらかに属している。

他の島々と同じように、オヴァラウ島も全体として四つの地域（ヴァヌア）に分かれ、さらにそれがレヴカ側とブレタ側の二つの側に分かれて、互いに支え合いの関係にあるとみなされている。

　ここで注目しておく必要があるのは、ロヴォニの位置である。それは、島の中央の山中に住み、独自の風習をもつ民族とみなされる傾向があったことから、前章で述べたヴィティレヴ島のナカウヴァンドラ山にも似た側面があると考えられるからである。ロヴォニと海岸部のブレタとの関係で言えば、伝承でつながる特別な連合関係を形成していた。例えば、その両者の間には、現在でも、共食とそのタブーの相互的関係が存在する。ロヴォニが陸（上）側でブレタが海（下）側とされるが、両者が共食する場合、ロヴォニ側が魚を食べ、ブレタ側が豚肉を食べるという食のタブーを遵守する。これは、自身の側に属する食物を食べないで、相手側に属する食物を食べる行為を意味するので、陸と海の食の交換と相互の支え合いの関係を表すことになる。

写真２－２　レヴカのメインストリート

写真２－３　レヴカの岸辺の風景

　正面遠方に太平洋漁業会社（PAFICO）が見える。前方の女性たちは、釣りをしている。正午前であるから、昼食の準備と思われる。

　現代のフィジー政府の行政区分では、ブレタは、レヴカを州都とする中部諸島（ロマイヴィティ）州のオヴ

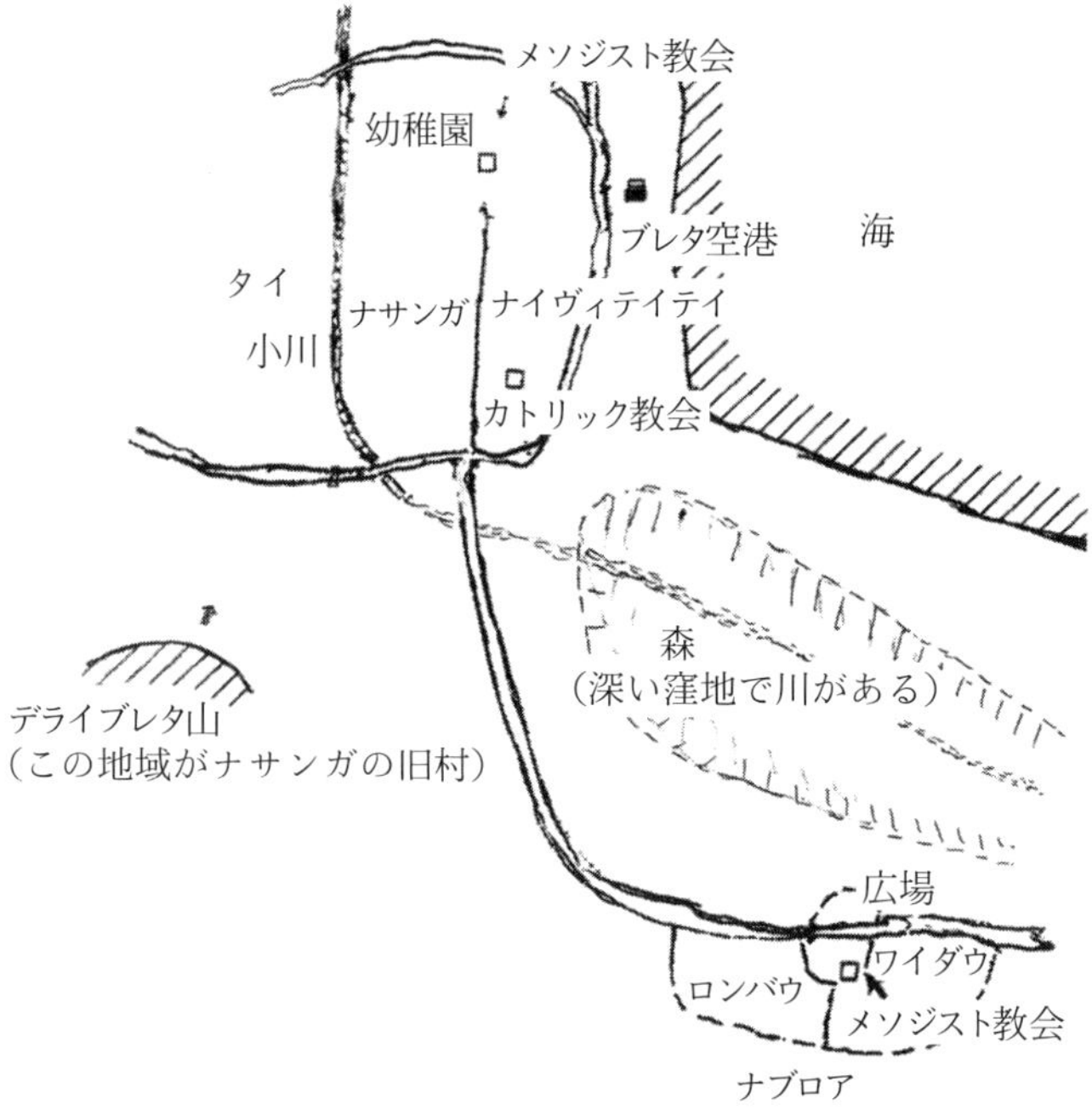

図２－２　ブレタ空港とその周辺の略図
（河合 2008：30より修正のうえ転載）

ァラウ島の一管区（*tikina*）である。そこに含まれる七つの地区のうち、ナイヴィティテイ、ナサンガ、タイ、ナヴロアの四地区が伝統的居住地である（図２－１と図２－２参照）。他の三地区のうち、ワイナロカはソロモン諸島から移住した人々の村で、もう一つのヴィロはラウ諸島からの移住者の村である。その両村を含む三地区は、ナイヴィティテイを中心とする四つの伝統地区と政治同盟（ガリ）を結んでいる。

ブレタは、このように多民族化と異文化混交化が進行するとともに、州都のレヴカを中心とした近代的行政組織に組み込まれている。さらに、政治・経済・教育の中心地であるレヴカへは、比較的容易に通勤・通学できることもあって、レヴカのベッドタウンの趣がある。首都のスヴァへの交通の便もよいので、スヴァをはじめとする他の都市に長期滞在する人も多い。

女性は、レヴカの商店や会社に勤務している比率が高い。とくにレヴカには、一九六四年に日本の国際援助で建設された缶詰工場（PAFICO）があり、この工場に通う人も多い。ブレタは海岸部にあるが、切り立った崖に阻まれていて海に出るのが困難なので、「女性は、海辺の仕事をする代わりに魚の缶詰工場に行く」と説明したインフォーマントもいる。実際、朝六時には、大型トラックの荷台に乗ってレヴカの学校や職場に通う子供たちや女性たちの姿が目立つ。他方、男性の場合、町で働く勤労者もいるし、空港に勤務する人も少数ながらいるが、タピオカ、ヤムイモ、タロイモ、パンの実などの伝統的農業に従事している比率が比較的高い。

　ブレタ空港に隣接する山側の土地は、住居が密集しており、給料生活者が増加した。バティキ島のような離島に比べると、ブレタは、より都市型のライフスタイルに近い。伝統的な石蒸し料理（ロヴォ）は少なくなり、副食のほとんどは商店で購入するので、食事も小麦粉、米、麺を多用した料理が中心になる。水は豊富で地味も肥えているので農業には適しているが、先に述べたように、漁場に出るにはかなり歩かなければならないので、漁は、土曜日に揃って出かける女性たちの集団的な仕事となっている。買い物は、レヴカなどの都市での仕事のついでに済ませるためか、雑貨店がいくつかあるだけで、むしろレヴカのベッドタウンといった方が適切かもしれない。

写真２－４　通勤・通学のため乗り合い自動車（トラック）を待つ人々

ブレタのカトリック教会近くの十字路にて撮影（図２－２参照）。

3. ブレタ空港周辺の移住と再編

(1) ブレタ社会の変容

以上のように、オヴァラウ島の近代的行政組織も、それぞれレヴカとブレタが中心地となり、島全体を大きく二分する伝統的なヴァヌア(地域)の連合組織の区分と重なっている。したがって、ヴィティレヴ島の「頭」であるタイレヴ州から、最初の祖先がオヴァラウ島の「足」側に当たるブレタに移住し、さらにレヴカ方面に移住したという前述の伝承は、ブレタに空港と船の港が置かれている事実と一致する。

伝承によると、昔、タイレヴ州に住む始祖のルツナソンバソンバには、一人の娘と四人の息子がいた。[4] その四人の息子はそれぞれ、タイレヴ州のヴェラタ、レワ地方のブレンバサンガ、バティキ島のヤヴ、ラウ諸島のダイニサリの四つの土地(ヴァヌア)の始祖となった。そして、オヴァラウ島の始祖となったのが、長女のブイサブルであった。このブイサブルに率いられた一行が、タイレヴ州から海を渡ってブレタに到着した。そこからさらに、その子孫がオヴァラウ島全体に移住して行ったと伝えられる。それゆえブレタは、オヴァラウ島の発祥地とされる。

現在のブレタは、行政的には七つの地区から構成される一つの管区であるが、ブレタ全体は一人の大首長(*Turaga ni Ratu*)によって統括され、また、ブレタの先住フィジー人系の四つの地区(ナヴロア、ナサンガ、ナイヴィテイテイ、タイ)が、総人口四百人ほどの小タウンを構成している。

女祖のブイサブルの一行がカヌーで出発し、ヴィティレヴ島からオヴァラウ島に近づいたとき、従者の一人のマタワルがブイサブルの住むべき土地を探すため、偵察に出かけた。そこに誰もいないことが分かると、マタワルは煙の「のろし」を上げた。その後、マタワルは、リーフで待機していたブイサブルを上陸させて土地を案内した。このブイサブルが最初に到着した場所が、現在の空港の所在地であるナイヴィティテイのロマイブレタ(Lomaibureta ブレタの中心の意味)である。

この伝承は、現在のブレタ空港の所在地が、ブイサブルが最初の村を建設した土地に建設されたことを示している。したがって、祖先の移住伝承が、空港と船の港の位置、及びその交通ルートに重なり、同じ一本の線上に連なっており、タイレヴ州のナウソリ空港から飛行機でブレタ空港に渡るか、ナトヴィ港からブレタ港へ船で行き、さらにそこからレヴカに向かう観光客の旅行ルートは、フィジー人の祖先の移住伝承上のルートと重なっていることになる。

(2) 空港建設に伴う集住化

フィジーの航空史は、アメリカやニュージーランドが、一九二〇年代にナンディに軍事基地を建設したことに始まるが、本格的になるのは第二次世界大戦以後のことである。特に国際線の充実は、一九五〇年代以降のことである。[5]

ブレタ地域の居住地の集住化の詳細は明らかでないが、後に述べるように、平和になってからそれが始まっていたと伝えられる。それゆえ、航空路線の整備によりブレタの集住化が開始されたというよりは、植民地化の時代よりも遥か昔に遡る、カヌーの寄港するルートが先にあり、その伝統の上に、飛行場とその路線を重ね合わせて建設されたと考える方が理に適っている。

空港のあるロマイブレタは、大首長の住むナイヴィティテイの中心地であるので、空港を造る際に政府によって現在地へ強制転居させられることもあったはずであるが、それほど苦痛を伴うものではなかったと推測される。なぜなら、ブレタの空港周辺の四つの伝統村は、女祖ブイサブルとマタワルを始祖とする共通の系譜でつながれており、先述のように、空港が建設される以前に、インフォーマントの言葉で言えば、すでに「土地と土地を合わせる」（集住化の）過程が進行していたと考えられるからである。

ブレタの中心部に住むナサンガ一族の伝承によると、彼らは、かつて現在地よりも奥地の山の麓に住んでいた。その山は現在地の背後にあり、戦争等の緊急時には、そこへ避難したという。その山頂には、今もその要塞の跡が残されている。平和な時代になってから、彼らは現在地に移住した。

また、タイの人々はブレタに最も遅れて移住したと伝えられるが、ブレタの他の三つの伝統地区のフィジー人とは系統を異にする。彼らはラマシ（漁師氏族）系統の一族とされ、居住地も、首長氏族やナサンガ氏族とは小川を挟んで隔てられている。社会的には、最も低い氏族とされているが、マタワルが最初にブレタに上陸したときに同行した従者の親戚筋に当たるともいわれるから、ある種の親族関係で他の氏族と結ばれている。また、タイのグループは、二つの地縁的な血縁集団（ヤヴサ）に、さらに分かれている。

こうして、ナイヴィティテイ、ナサンガ、タイの三つの地区が、現在の飛行場の近くに集住している。ただし、ナサンガの一部であったと伝えられるナヴロアは、後にナサンガから分かれ、海辺で漁をするのが容易な現在地に分出した（その正確な年代は不明）。

ブレタに導入されたキリスト教会も、今では地域の社会的・精神的センターとなっている。一つのメソジスト派のキリスト教会がナイヴィティテイ、ナサンガ、タイのほぼ中央部に置かれている。ただし、ナイヴィティテイには、数家族のみが所属するカトリック教会も別にある。また、ナヴロアには、やはりその中心に、独自のメソジスト派の教会がある。(6)

(3) ブレタ地域の社会構成

上述の首長系統(ブイサブル)と陸の民の系統(マタワル)の起源に関する伝承は、陸の民が海から来た首長によって征服されたとか、島の外側にいた鬼が村人に殺されて生き返り首長になったという類の外来王神話型の伝承とは、タイプを異にする。(7)

ただし、先に上陸したマタワルの系統を陸(先住民)側に、遅れて上陸した首長のブイサブルの系統を海側に位置づけるという時間的先後関係に注目するなら、首長の方が海側から遅れて到着するという外来王神話との共通点を読み取ることはできる。

首長系統(ナイヴィテイテイ)の伝承によると、女祖ブイサブルの息子(ギオカタニトンバ)が、現在のブレタの大首長家の開祖となった。その首長の息子が最初の正式な大首長に任命され、それから五代目まで、ブイサブルの郷土であるタイレヴ州のヴェラタのダヴロゾから招かれていた。しかし、それ以後、ブイサブルの郷土の家系の姉妹の子供がブレタの大首長として招かれるのが慣例となった。

他方、陸の民とされる一族は、ブイサブルを陸に先導したマタワルの子孫と伝えられるナサンガである。この一族は、先述のように、空港のある首長系統の土地(ナイヴィテイテイ)よりも山側にある大きな岩山(図2−2参照)の麓に、村(ナサンガの旧村)を造って住んだという。当初は四つの氏族(マタンガリ)に分かれていたが、そのうちの一氏族が他出したため、現在は三つの氏族だけが残っている。(8)

注目されるのは、ブレタの四つの伝統地区のうち、第二ランクのナサンガ氏族（陸の民）が、最も広い土地を所有し、ブレタの大首長の任命権をもつことである。さらに、ナサンガの内部は四氏族に分かれるが、そのうちの第二ランクのトラザ一族に大首長を任命する権利が与えられている。「トラザがこの村の本当の先住民であり、土地の所有者である」と言われるように、トラザ一族は、自身のナサンガ氏族の首長の世話をする義務を併せもつ。

このように、氏族のなかでも第二ランクの一族が優位な役割をもつのは、筆者の知る限りブレタに限らない。社会構成は地域ごとに多様性があるが、その原則には、かなりの一般性がある。また、既述のように、ブレタの伝統地区には、他にもナヴロア（司祭）とタイ（漁師）という二つの系統がある。ナヴロアは、他の氏族が空港の周りに集住化したのとは、逆の移動をしたことになる(9)。

要するに、ブレタの先住フィジー人社会は、①首長、②陸の民で戦士、③陸の民で伝統宗教の司祭、④漁師、の四つの系統に区分されている。これらの氏族の役割は、今も儀礼的な場で有効ではあるが、現実の社会的役割を反映しているとは限らない。伝統宗教の司祭の役割はほぼ失われているし、漁師の氏族がそれに専業化しているわけでもない。日常生活の場では、どの氏族も家族が基本的な経済単位であり、完全な給料生活者でない限り、農耕も漁業もおこなっている。その氏族の分類と役割は、首長のように現在も機能しているものもあるが、むしろ儀礼的なものと考えた方がよい。

また、その社会的な四区分は、それぞれ①頭、②上腹（胸）、③下腹、④足の身体カテゴリーの区分にも対応している。とりわけ、②のナサンガから分かれた③のナヴロアには、司祭の意味も付与されている。

インフォーマントは、ブレタの村落構成を、「ナイヴィティイティは頭に、ナサンガは腹に、タイは足に対応す

表２－１　ブレタの氏族構成とエコソフィー

番 号	土地・氏族名	社会的役割	自然との対応	身体分類
①	ナイヴィテイテイ	首長	天	頭
②	ナサンガ	戦士	陸	腹
③	ナヴロア	司祭	陸	腹（または手）
④	タイ	漁師	海（川）	足

る」と説明した。さらにそれを、②と③を一まとめにした天・陸・海の自然秩序の三分類とも、首長・陸の民・海の民の三分類（陸の民を二つに分けると四区分）とも見ることができる。そうした自然環境の分類、氏族と土地の社会的地位・役割、身体分類の対応関係を示せば、表２－１のようになる。

従来、そのような自然・社会・身体の「隠喩的」関係は、多くのオセアニア研究家によって、個人（person）と社会の関係が明確でない未分化で未発達な思考であるとか、身体イメージが社会・文化・自然に隠喩的に「投射」されたアニミズム的思考ないし人類形態論的（anthromorphic）思考として論じられてきた。しかし、ここに示したデータに照らして考える限り、それは、それぞれのレベルを混同したり隠喩的に考えたりする思考様式というよりは、自然・社会文化・身体の区別を超えた次元で循環する生命力の生成と循環という、生活環境と人間存在のエコソフィー的なプロトタイプ的認識に関わる問題と考えることができる。

インフォーマントの見解に従えば、天・陸・海には高低があるからこそ風・雨・光のような生命力が世界を循環できるし、身体に頭・腹・足の上下の区別があるからこそ、体内に水・食物・空気・血液などが循環する。つまり、彼らにとって、自然も社会も身体も、上下的に差異化されているからこそ生命力が循環するという意味では同じである。

世界を四つないし三つの側に差異化するそのような認識は、フィジー語の四角形に相当する言葉の四（ヴァ）に示されている。ヴァには支え合いとか完全性の意味もあるが、その「かたち」は、現地の人々の説明によると、神の創った形（トヴォ *tovo*）とされている（後述）。さらに、自然環境だけでなく、生活・行動・人格・習慣を含む社会・文化の「かたち」も、「頭の中のトヴォ（形）」の表象と考えられている。三つないし四つの「側」に分かれ、相互に支え合うイメージは、神の創った始源的な認識の体現とも考えられている。

もうひとつ指摘しておきたいのは、表2－1に示したように、自然・土地・社会・身体として体現される「かたち」は、住民から見た一つのトータルなエコソフィー的世界とみなされていることである。フィジーの西洋化とグローバル化により変化する生活環境の中でも、その「かたち」は、外来の文化から区別されながらも共存しうるものとみなされている。

4. ブレタのエコソフィー

繰り返せば、首都のスヴァ、ナウソリ空港、ナトヴィ港の位置するタイレヴ州は、ヴィティレヴ島から離島の島々へ祖先が移住する起点となったと伝えられる地方であったが、ブレタはヴィティレヴ島からオヴァラウ島に移住する玄関口であった。その伝承は、ヴィティレヴ島とブレタを結ぶ空と海の航路と見事に一致している。

そのブレタ地域は、オヴァラウ島の観光地化、空港建設、交通手段の発達、給料生活者の増加に伴い、伝統的生活様式を色濃く残しながらも、ベットタウン化の進行した地域である。そこはまた、居住地を別にするとはいえ、外国から入ってきた諸民族と共住する多民族地域でもある。このように、少なくとも外部の人の目には、ブレタは近代化の比較的進んだ多文化地域であるが、今まで明らかにしてきたように、村の集住化とタウン化が、必ずしも伝統の破壊と消滅にはつながらなかった。

まず、空港の開設は、彼らの伝承的神話的空間と矛盾するものではなかつた。飛行機の路線は、ブイサブルとマタワルに始まる移住伝承と一致する。国内向けのナウソリ空港とナトヴィ港のあるタイレヴ州は、祖先の発祥の地であったし、現在に至るまで、祖先の郷土であるタイレヴ州のヴェラタからブレタに大首長を迎えてきた。この神話で語られる人と土地とのつながりは、伝統的なカヌーの航路の延長であったとも考えられる。さらに、現在のナトヴィ港とブレタ港を結ぶルートの上に、ナウソリ空港とブレタ空港を結ぶ航空路のルートが重ね合わせられたと考えられる。

タイレヴ州のヴェラタとオヴァラウ島のブレタとの関係は、単に神話でつながる系譜的関係という以上のものである。最初の夫婦が子孫の生命の源であるから、移住は、その特定の祖先を起点として子孫へと続く生命の継承に関わる問題である。また、同じ祖先から伝えられた生命を共有する関係は、同時に郷土の土地と移住先の土地の関係でもある。

実際、親戚関係はヴェイウェカニ（*veiwekani*）、つまり「根（*waka*）の関係（*vei*）」（ルーツを同じくする人々）と呼ばれるが、ヴェラタとブレタは、互いに、祖先と生命のルーツを共有する人々である。ブレタにブレタ空港があるのと同様、ブレタの祖先の源郷（ヴァヌア）であるヴェラタの近くにはナウソリ空港がある。伝承上の土地のつながりは、飛行機と船で結ばれる拠点同士のつながりでもある。

さらに、ブレタは、オヴァラウ島全体に移住した子孫のルーツであり、ここに観光客の命を運ぶ空港や客船の港があるのも偶然ではない。

ブレタの西洋化、資本主義化、タウン化は、明らかに、彼らの人間関係と支え合いによる生命力の循環の認識を大きく侵すものではなかった。言い換えれば、空港建設に伴う移転、旧村から空港近辺への集住化や新参者による新たな集住地域の形成は、親族的な地域関係と支え合いという、世代的に継承されてきた共通認識とコンセンサスを基に、生活環境を再解釈して適応する過程であった。

そのため、居住地の移動と集住化に伴う再編はあっても、彼らは、生命力の循環する身体・社会・自然界の豊饒なる世界の、エコソフィー的な「かたち」を再創造できたと考えられる。別様に言えば、ブレタの人々の住む世界もライフスタイルも確かに大きく変化したが、そこは、人々の伝統の記憶でもって再解釈され再創造された、共通のコンセンサスのある「伝統的」な世界でもあった（この問題は第4章で改めて詳述する）。

したがって、見た目にはグローバル化により生活様式は大きく変化したが、住民にとって大きな矛盾のない、安らぎのある固有の「伝統」的生活世界を維持し続けることができたと考えられる。

注

（1）ブレタでの調査は、一九九五年の八月から九月にかけておこなわれた。
（2）現象学的志向性のある哲学者のアルネ・ネス（一九九七）の言葉。本書では、その言葉を、哲学的にというよりは、住民による自然環境を含む共同体やライフスタイルのトータルな捉え方の意味で借用した。
（3）Kerr,. A. and T.A.Donnelly 1969.
（4）ルツナソンバソンバは、ヴィティレヴ島にデンゲイⅡ世と共に渡ってきた最初の祖先とされる（第7章で詳述）。その五人の子供祖の名前は、それぞれ Rokomautu（タイレヴ州）、Romelasiga（レワ）、Tuinayavu（バティキ島）、Kasara（ラウ諸島）、及び Buisavulu（オヴァラウ島）である。これら四つの土地は、今でも互いに親戚と見なされている。

（5）Carter, John ed., 1980. pp.134-5.

（6）ナヴロアはロンヴァウとワイダウと呼ばれる二つの地区に分かれ、相互にセマ（対面関係、支え合い）の関係にあるとされる。

（7）本書の前章注（5）を参照のこと。

（8）ナサンガの四氏族の具体的名称と戸数は、次の通り。①ヴニワウ（*Vuniwau*）―ナサンガの首長氏族。首長はナイヴィティイより招いた（五戸）、②トラザ（*Tolaca*）―一六戸を数え、最大の人員を有する、③ナイロヴォロヴォ（*Nailovolovo*）―三戸、④デライブレタ（*Delaibureta*）―他出したため不在。

（9）ナヴロア村の位置づけは比較的あいまいである。ベテ（伝統的宗教の司祭）の村とされるが、「手」に相当すると言う人もいる。また、「ブレタのすべての魚は、最終的にはナヴロアに属する」ともいわれる。なお、ナヴロアは二つに分かれ、陸と海に対応する豚と魚の食のタブーがある（39頁参照）。ただしそのタブーは、筆者の調査した中部諸島に関するもので、他地域の様子は必ずしも明確でない。サーリンズの報告するモアラ島では、陸と海の食のタブーはタロイモと魚である（サーリンズ、一九七六、一九八七、四七〜五五頁）。

第3章

南太平洋の「地酒」カヴァ

偏見と迫害を超えて

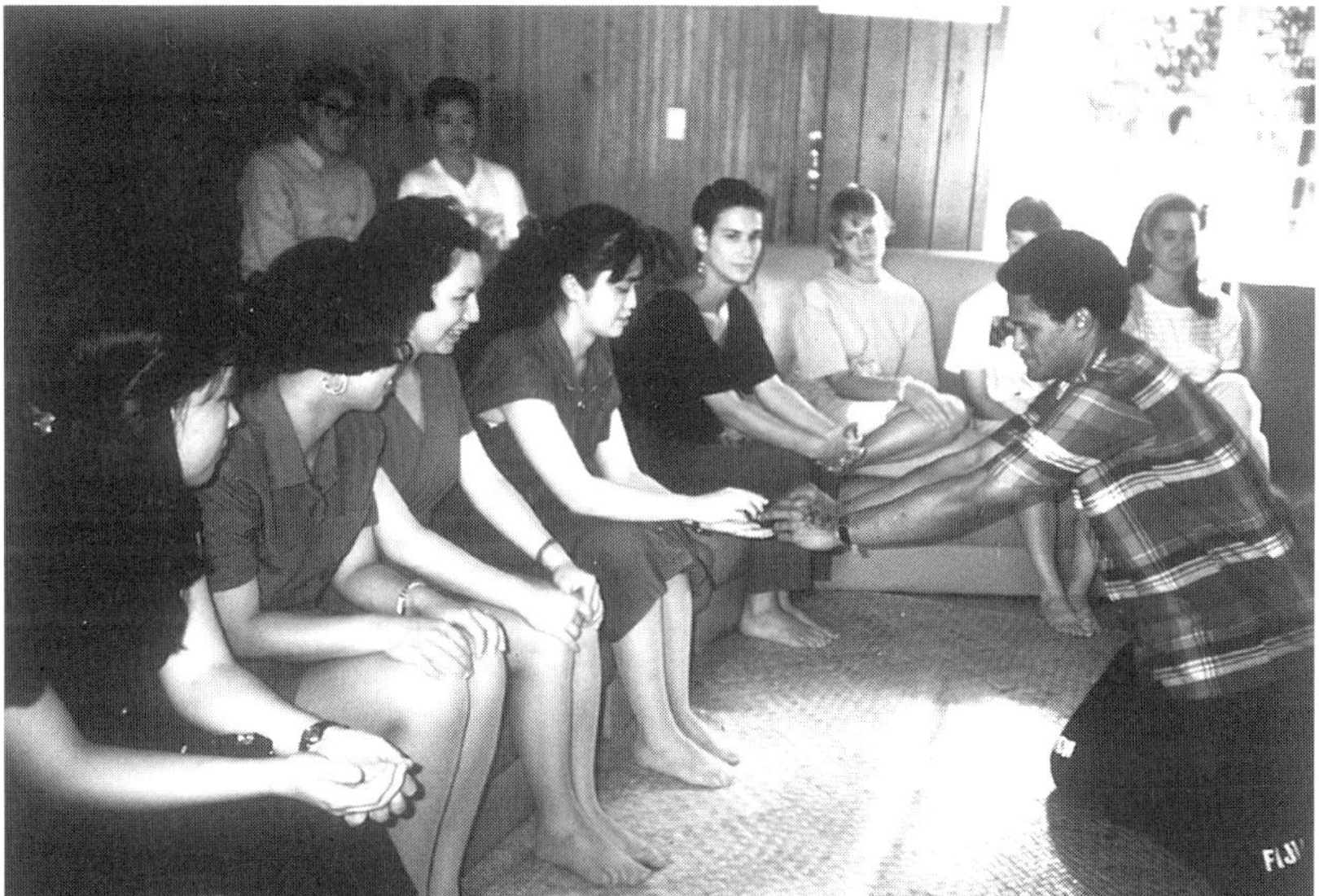

国際交流で訪問した学生を迎えるためのカヴァの儀式。
南太平洋大学（The University of the South Pacific）の構内にて。

1. カヴァはどんな飲み物か

フィジー、サモア、トンガなどの南太平洋地域を訪れたことのある人なら、街角で、あるいはホテルの観光客用のイベントで、カヴァと呼ばれる現地の特有な飲み物を見かけたことのある人は多いはずである。そうでなくても、観光ガイドブックや観光用ポスターを見て、その名前くらいは記憶している人も多いだろう。泥水のような色をしたあの飲み物を、なぜ彼らは好んで飲むのだろうか。実際に飲んでみても、ビールやウィスキーほど美味しいようには思えない。彼らは、外来の飲み物を買う金銭的な余裕がないので、値段の安いカヴァで我慢しているのだろうか。それとも、彼らは飲み慣れているので、味覚が私たちとは違うのだろうか。このようなさまざまな疑問を生じさせるほど、外部の者の目には、カヴァは不思議な飲料である。そのためか、しばしば研究者の論争の的にもなった。

カヴァは南太平洋地域にみられるこの種の作物ないし飲料の通称であり、フィジーではそれを、ヤンゴナと呼ぶ（以下では特に必要でない限りカヴァと記す）。この飲み物が、経済的貧困といった消極的な理由だけで飲まれているわけでないことは、現在でも、日常のさまざまな儀礼や儀式に欠かせない必需品であることからみても明らかである。例えば、町のハイスクールの体育祭やイベントのために建てられた仮設小屋の中で、カヴァの器を囲んで飲んでいるような姿を目にする。筆者が中部諸島のバティキ島に滞在していた時には、ハイスクールに進学するための全国統一試験の機会でさえ、生徒の父親や親族が大勢、試験会場の小学校に集まり、カヴァを飲んでいた（女性や子供は校舎の別室で共食をした）。壊れたラジオの修理が完了したことを祝い、直ちにカヴァ・パーティーに移った例もある。要するに、日常・非日常を問わず、何か事がある毎にカヴァを飲みに集まるのである。

しかも、土着の飲料という意味を超えて、今や国家的行事にも欠かせない儀礼用飲料となっている。かなり昔の話であるが、筆者がフィジーに滞在していたとき、勤務先の大学の学生たちと合流して、南太平洋大学での学生交流会と歓迎会に参加したことがあった。その際には、インド系フィジー人の副学長に案内され、大学のキャンパス内の一画にある建物に行き、カヴァの儀式で迎えていただいた（本章扉頁参照）。また、フィジー国営のテレビ番組の深夜の終了場面も、伝統的スタイルの若者がカヴァの椀を両手で捧げるシーンで終わっていた。

カヴァは、今や、各地のプランテーションで商品作物として栽培され、ヴァヌアツをはじめとする南太平洋の一大産業となっている。フィジーでも、観光産業と砂糖黍産業に次ぐ収入源となっている。その多くは、インド系フィジー人の経営するストアで売られている。カヴァの市場経済化は、都市化の進行に伴う給料生活者層の増加に関連があると考えられる。このことは、早くも一九〇八年に、トムソンによって指摘されていた[1]。

外部の人の目から見ると、伝統が消滅するどころか「増殖」している奇妙な現象に見えるかもしれないが、現地の人々に愛好され続けているこのカヴァに、一体、どのような意味があるのだろうか。

カヴァは、コショウ科の植物である。ミクロネシアのポンペイ島ではシャカオと呼ばれ、やはり儀礼的に重要な飲み物である。それはハワイ、サモア、トンガなど、ポリネシアの島々を中心に分布するが、メラネシアのヴァヌアツでは特によく飲まれているし、筆者はそれをソロモン諸島で飲んだこともある。

後述するように、太平洋地域で広く知られているこの飲み物は、この地域の根菜農耕文化とも地域的に重なり、ここを訪問した外国人の目には、奇妙で不可解な飲み物に見えるゆえに誤解や偏見をもたれ、時には迫害の対象にさえなった。現在でも、誤解や偏見とまでは言えないまでも、外国人や他民族に伝統を誇示して対抗するための政治的手段と見る研究者もいる。
まずは、フィジーを中心に、このカヴァをめぐる歴史と諸説を紹介することから始めることにしたい。

2. カヴァをめぐる誤解・偏見・迫害

(1) カヴァとの出会い

フィジーのカヴァで、外国人に最も知られているのは、歓迎の儀式のセヴセヴであろう。今でも、フィジー人の社会生活、特に、もてなしや歓迎の儀式で社会的に重要な意味をもつ飲み物である。カヴァはノンアルコール飲料ではあるが、飲みすぎると、酒を飲んで足元がとられるような酩酊や嘔吐の症状を惹き起こす薬物効果がある。また、カヴァの飲み会に加わらない人は、「付き合いが悪い」とか「変わり者」として敬遠される傾向もある。さらに、とりわけ厳粛な儀式では、厳格な作法を遵守しながら回し飲みをする。そのように、アルコール飲料との共通点が多いため、「地酒」とみなされることもある。実際、カヴァ・バーが都市にあり、アルコール飲料を飲む店で飲むことがあることからも分かるように、フィジー人自身も、それをある種の「酒」とみなしている(後述)。

初めて、あるいは久しぶりに村を訪問するときには、首長にカヴァの根を持って挨拶に行く(写真3－1参照)。その際、代理の住民が祝福の言葉を唱えてからその根を首長に献上すると、首長も儀礼的な感謝の言葉を唱えて、それを受け取る。その儀式が終わると、カヴァの器を囲んで飲む歓迎の儀式(セヴセヴ)で迎えられる。現地を去るときにも、名前は違うが同様の儀式がおこなわれる。

歓迎の儀式では、特別な施設がなければ、首長の自宅が会場となることが多い。後述するが、フィジー中部諸島の家屋は長方形のワンルーム・タイプであり、その中央にカヴァの器を置く。上座には首長やゲストが座る。その首長を中心にして両側に分かれ、中央の器を挟むようにランクの高い順に上から下へと並ぶ。その座順は、地位、年齢、性差に応じて厳密に決められている。そこから、フィジーを厳格な身分階級制社会だと見る研究者も多かった。

写真３－１　大首長にカヴァの根を捧げる

筆者の持参したカヴァの根を、バティキ島の大首長のトラニバウ（現在は弟に継承されている）に献上。その後、歓迎のセヴセヴの儀式となる。トラニバウは、バウ島のザカンバウ王の家系と代々通婚関係にあった有力な家系である。トラニバウは島の四つの村を代表するだけでなく、現在でも他の島々の儀礼的・政治的ネットワークの要である。

歓迎の儀式では男性が主になり、厳粛な雰囲気の中でおこなわれる。代表の若者が部屋の中央に置かれた大きな器に入ったカヴァを、ヤシの殻から作られた小さな器（*bilo* 膝の意味もある）で汲み、両手でそれを持って立って進み、上座の首長に捧げる。その杯は以後、上座から下座へと一人ずつ廻される。その椀を受け取った人は手を叩いて両手で受け取り、一気に飲み干した後、「ヴィナカ」（感謝や賛辞を表す言葉）と言いながら、再び、手のひらの真中を窪めて両手を合わせ、ゆっくり三回拍手する（これをゾンボ *cobo* と呼ぶ）。一通りの儀式が終

写真３－２　文部大臣から献上されたカヴァの根

筆者の泊まった家は、たまたま、当時の女性文部大臣、タウファ・ヴァカタレ氏の生家であった。写真は、スヴァから里帰りした際、写真３－２の首長に付き人から島の大首長に献上されたカヴァの根。（バティキ島ムア村）

了すると、急にくつろいだ雰囲気に変わる。

しかし、以上はかなり公式的な儀式の状況であり、通常の儀式では女性が下座に座って加わることがある。観光客向けのセヴセヴでは、略式になることが多い。状況により、訪問者がカヴァの根の束を現地の代表者に渡すだけの場合もある。

筆者が初めてフィジーを訪れたのは、一九八六年のことである。その時、ヴィティレヴ島のレワ川沿いにある壺作りの村を取材するため、記録映画の制作会社のスタッフ二人と共に、ボートに乗って出かけたことがあった。[2]村では、観光客目当てに壺を売っていたが、行くと、ひとりの長老らしい男性が出てきて、筆者たちに向かって跪き、一本の乾いた木の根を差し出したので驚いた。当時はその理由が分からなかったが、カヴァの根の献上が「首長への貢ぎ物」で、外部の者に対する歓待を表わす儀礼的行為であることを知った。[3]

その後、カヴァとは、調査に入る度に日常的に接することになった。筆者のインフォーマントによれば、セヴセヴは出会ったときの喜びを表す握手と同じであり、互いの生命力（ブラ）を合わせて「固める」行為である。植物のカヴァの根とカヴァ飲料のセヴセヴでの共飲は、したがって、互いの生命力を交換しあう挨拶のひとつなのである。

（2）悪魔の水か、命の水か

それでは、現地の人々は、カヴァをどのように理解しているのだろうか。外国由来のウィスキー、ビール、ワインなどの酒類は「外国人のヤンゴナ（カヴァ）」と呼ばれるから、アルコールに匹敵する飲料と解されていることは間違いない。筆者のインフォーマントの一人は、「外国の酒を飲むと暴れるようになるが、カヴァを飲むと眠くなるので、逆におとなしくなる」と、カヴァとの違いと利点を説明した。実際、中部諸島の州都のオヴァラウ島でも、バーに行くと酒瓶が飛んでくるという噂もあった。また、バティキ島の若者の一人は、スヴァのディスコに行って酒を飲み、喧嘩になって歯を折られたと言いながら、筆者に欠けた前歯を見せてくれた。

写真3－3　鼻を相手の首につける挨拶

この挨拶はヴェイキンダヴァキ（驚く意味）という。現在ではキシ（英語の kiss の借用語）と呼ばれることが多い。もともと相手の首ないし頬の近くに鼻をくっつけ、その鼻で息を吸い込む挨拶の仕方であった。首は愛の座とされ、鼻で息を吸うのは、外側から来た人のブラ（生命力）を得る意味があるという。「ブラ！」そのものがフィジーの日常的な挨拶の言葉であるが、出会ったときにブラを合わせる意味で、握手やセヴセヴと同じだという。鼻を使う挨拶は、ニュージーランドのマオリのホンギをはじめ、南太平洋ではよく見られるものである。

写真３－４　スヴァの中央市場の一画

現実がどうであるかは、フィジーのバーやディスコへ行った経験の少ない筆者には判断できないが、少なくとも、カヴァの美点を強調することで、伝統文化の優越性を擁護する根拠のひとつになっているようだ。

先にふれたように、カヴァはコショウ科の植物（学名 *Piper-methysticum*）であり、アルコール分は含まれていないが、飲むと舌を刺激するだけでなく、飲み過ぎると頭が重くなり、酒酔いに似た症状を呈する。それゆえにまた、外部の人の目には不思議な存在に映る。

日本の大学で国際関係論を教えていた、あるアメリカ人のツーリストが、フィジーを訪れたとき、バスの中で知り合った若者とスヴァの市場に行き、そこで飲んだ体験を次のように報告している。「それは実はアルコールではなくて麻薬だったと思います。舌が痺れるのです。歯医者さんに行ったときのような痺れ方で、間違いなく麻薬だったと思います。これは大変な法律違反をやったのではないかと、その後ずっと心配していました。しかし、去年でしたか、ローマ法王がフィジーまでいらっしゃって、テレビで同じ飲物を飲まれるのを見てやっと安心しました」(4)。

南太平洋の文化について、ある程度の予備知識のある人であれば、それを、薬物的効果はあるにしても、麻薬と見るのは言い過ぎであることに気づくだろう。だが、このエピソードを笑うことはできない。相当に現地文化に詳しい研究者であっても、その意味を表層的にしか理解しておらず、同様に誤解するか、一面的にしか捉えていない可能性があるからである。また、この地域に長く住んだ研究者であっても、その理解が必ずしも完全とは限らない。いかなる人も（筆者自身も含めて）異なる社会文化の理解は、部分的真実でしかありえないという前提で言えば、ツーリストとしての観察も研究者の理解も、深さの違いはあっても程度の差と言わなければならない。

実際、ちょうど新大陸からヨーロッパに渡ったジャガイモやトマトがそうであったように、西洋人に理解してもらうまでには、カヴァにも誤解や偏見との長い闘いの歴史があった。

とりわけ、一九世紀から二〇世紀に南太平洋を訪れた西洋人にとって、裸同然の住民たちが、あちこち群がって分けのわからない液体を飲む様子は、理解を超えるものであったことだろう。当時はカヴァの根を口で嚙んで唾液と混ぜ、それを器の中に吐き出してつくったので、何か汚れた不衛生な飲み物のように映ったらしい。昼間から集まって仕事もせずに器を囲んでいる様子は、経済発展に無関心で怠惰な民族とみなすのに、充分な根拠となったに違いない。

住民にとってカヴァは健康・長寿・豊作を祈る「命の水」であったが、とりわけプロテスタントのキリスト教の宣教師にとっては、邪教の神に捧げる「悪魔の水」であった。膀胱炎、頭痛、活力回復、刺し傷、皮膚炎、淋病などのカヴァの薬学的な効用に関心をもち、ヴァヌアツまで出かけてカヴァの本をまとめたキルハムは、キリスト教伝道者たちによる、タヒチ島、コスラエ島（ミクロネシアのポンペイの東側にある現在のコシャエ島）、ハワイなどについて、カヴァを根絶するための戦いを記した後、一九世紀後半のヴァヌアツ（引用文中ではバヌアツ、ニュー・ヘブリデス諸島）のタンナ島について、次のように記している。

今日に至るまで、バヌアツで最も伝統的な島といわれるタンナ島でも、キリスト教によるカヴァ根絶運動は島の人々をひどく怒らせた。カヴァを飲んでいた人々は伝道団から脅かしや嫌がらせを受けた。カヴァの栽培や飲用にかかわった者は、土着の風習を実行したというだけの理由で逮捕された。カヴァを飲んだことが知れた者や疑いをかけられた者は、伝道団のメンバーから追放され教会へ行くことを禁じられた。[5]

3. カヴァとは何か

（1）カヴァ儀礼は男性だけのものか？

この飲料は、男性が飲むことが多く、女性が飲むのを見かけることは少ない。従来、フィジーを研究した人々は、かつては男性に限られていたと報告している。例えば、トムソン[6]やターナー[7]は、飲むのは男性に限られており、女性が飲むようになったのは最近のことであると記しているし、トーレンも、「女性たちは実際にヤンゴナを飲む集団からは排除されていたが、若者たちは年長者、つまり首長（*turaga*）に分類される人々にその飲物を準備して捧げることだけが許されていた」[8]と述べている。

ただし、筆者のバティキ島での観察によると、政府高官を迎えるような正式の儀式では、原則として現地の女性の参加はないが、その他のさまざまな儀礼で女性が下座に座って飲むことがあるだけでなく、葬式のときに、死者の一〇人の女性親族が四日間、喪に服す儀礼で、村の若者が数人室内に入って、慰労のためカヴァを飲ませる慣習もあり[9]、女性のカヴァの共飲が「全く許されていなかった」のかどうかについては、留保を必要とする。

（2）カヴァをめぐる諸説

ⓐ供犠説、及び神霊との交流説

カヴァそのものは、一八世紀の大航海者のキャプテン・クックの時代から西洋人による記録があるが、宗教儀礼で使われる飲料であることは「事実」であり、古くからカヴァの特徴として重視されてきた。

ラウ諸島に長く滞在したことのあるホカートは、伝統的な土地の創造神を、より地位の低い、病気や戦争の際に訴える神霊崇拝のためのシャーマニズムの神々から区別し、カヴァは後者の超自然的神霊と交流するためにトランス状態を引き起こす手段であると考えた。[10] 他方、ポリネシアのカヴァ儀礼を、儀礼的状況で神霊に捧げられる単なる飲料という以上に、人間の供犠にも等しいと解釈したのは、トンガを中心に構造主義的立場から文献資料を再分析したリーチである。[11] リーチは、カヴァ植物が死体化生神話と関連があることに注目し、人間を神に供犠することの象徴的表現であると論じた。

リーチと同様の観点からターナーは、フィジーのヴィティレヴ島高地のマタイロバウ地域の事例から、フィジーのカヴァ儀礼について論じた。[12] ターナーによると、ティコピア島（ソロモン諸島東部のサンタクルーズ群島の一つ）でもトンガでも、カヴァは神霊に捧げられる聖なる水とされ、サモアでも、カヴァを飲む前には神酒として屋敷神に捧げられる。同様に、フィジーについて、神霊と接触するためカヴァが使われることがある。カヴァの供犠的機能は、その薬物的な特徴を考慮に入れることなしに理解できない。カヴァには特殊な生理的効能があるゆえにマナの力があるとみなされ、神霊とのコミュニケーションの媒体になったとターナーは主張した。

ハンセン病の少女の頭から生えた植物であるとか、子供の死体から生えたといった類のカヴァにまつわる創造神話（死体化生神話）は、トンガ、フィジー、ロトゥマなどから広く報告されており、それがカヴァの供犠説の根拠となっている。[13] その神話はさらに、外来の鬼がその「水」を飲んで一度死に、神として再生して「馴化された神」(domesticated god)、つまり住民の首長になったという外来王神話とも、つながっている。[14]

特にターナーは、カヴァ儀礼は、ある種の霊界に住む祖霊・神霊への供犠であり、その儀礼そのものが、参加者を象徴的に祖霊に捧げる行為であると解釈した。言い換えると、ターナーは、参加者の間で飲み廻されるカヴァの杯は生者と死者を結びつける媒体であるから、カヴァを飲むことは、日常的と非日常の境界を超えさせることであると考えた。[15]

ⓑカヴァ儀礼の社会的意義

カヴァが社会的な存在意義をもつこともまた、否定できない事実である。フィジーでは、カヴァはあらゆる機会に飲まれるだけでなく、一人で飲むのは、むしろ反社会的行為とみなされる。逆に、その共飲に加わることは、友好関係を意味する。

カヴァが社会的意義をもつことは、先に挙げた諸研究を含め、多くの論文で直接・間接に指摘されてきた。例えば、ターナーは別の論文で、差異のある不平等な地位を相互に連帯させるカヴァの儀礼的役割を強調している。[16] フィジーのカヴァの杯は、最高位の首長から地位の序列に応じて上から下へと廻されるが、この儀礼は、日常的な地位の不平等と社会的連帯の思考を儀礼的に再生産することで「地位の不平等」を表現し、それを正当化するものだと、ターナーは論じた。

ⓒポストコロニアル論的見解――民族のアイデンティティと伝統のポリティクス

以上のような見解は、グローバル化の進むフィジーにあって、なぜ伝統的なカヴァ儀礼が消滅しないのかについての理由に関する、ポストコロニアル論的見解とも関連がある。それはポストコロニアル的状況（例えば、伝統の衰退に伴い、かつてほど人々が首長を尊敬しなくなったというような）に対して対抗したり適応したりするために、伝統を誇示したり他民族との差異を強調したりして自民族のアイデンティティを高めるような、伝統文化の新たな創造と政治化に注目する見方である。

再びターナーの説によると、植民地政府は、その統治を正当化するためにカヴァ儀礼を利用し、首長と平民の上下的関係をキリスト教会と植民地政府との関係に適用して、フィジー人を従属させることができた[17]。逆に、フィジー人にとっても、そのような過去の社会的記憶を、カヴァ儀礼を通して持続させ、失われつつある自らの民族アイデンティティを確認できることになった。

フィジー研究では、同様のポストコロニアル論的見解は、カプランやブリソン等により提示されている[18]。彼らは、カヴァ儀礼（特にセヴセヴ）が存続する根拠を、国内に住むインド系住民、ヨーロッパ系住民、ツーリスト等の他集団に対する対抗に求めた。ブリソンによると、土着のフィジー人と郷土（ヴァヌア）との強いつながりや、市場経済での利潤よりは共同体への貢献や調和を重視する相互扶助的人間関係の理念には、フィジー固有の伝統と外国ないし異民族の文化との差異を強調するという政治性がある。こうした自民族のアイデンティティへの強調は、植民地化の長い歴史とグローバル化、及び資本主義化により伝統が消滅しはじめた事態を覆い隠すのと裏腹の関係にある。つまり、現代のセヴセヴなどのカヴァ儀礼は、グローバル化のなかで、それに対抗して自民族を覚醒させるために新たに創造された「伝統」であるという。

ⓓ認知と学習

カヴァの社会的側面についてターナーは、西ポリネシア（トンガ、サモア、フツナ、ウヴェア）とフィジーのカヴァ儀礼との共通の特徴を、次のようにまとめている[19]。

①主要な首長（presiding chief）を中心に、その下側へ左右に分かれて孤を描いて並ぶこと。
②ランクに応じて（上から下へ）参加者が座ること。
③飲料を準備するための定型化した手続き。
④主要な首長ないしその代理が、カヴァを準備するよう公式的に要請すること。
⑤ランクの順序に従って、その飲料が捧げられること。

以上の五つの特徴が、筆者の調査地にも当てはまることは、先にみた通りである。ただし、フィジー国内でも、地域的な偏差が大きかったらしい。『フィジー史』を著したデーリックは次のように記している。

（カヴァを）飲むとき、ランクの順序で優先される首長の権利は、注意深く護られた。高等首長の次にはその伝達者（マタニヴァヌア）が、たとえ他の首長が居合わせたとしても、それに続いた。（中略）その儀式は、地域ごとに詳細は異なるが、バウ、ソモソモ、ラウにおいて高度に発達した。大きな島の高地地域では、もっと素朴であった[20]。

しかし、カヴァを飲む状況は、きわめて多岐にわたる。親族儀礼、首長の就任式儀礼、紛争の調停、協同労働の機会、病気治療、重要な会議などの、社会生活のあらゆる機会に飲まれる。カヴァが、フィジー人の人間関係を円滑にする媒体であることは、ここからも理解できるだろう。

もちろん、今まで紹介した見解が、それぞれ対立的に提示されているわけではない。例えば、先に言及したターナーやブリソンも、カヴァ儀礼が祖霊の世界と接触し、その霊的力を獲得するという文化的世界観に根ざしていると指摘することを忘れてはいない。

この問題を、社会関係とのかかわりの中で一歩進めて考察したのが、中部諸島のガウ島の民族誌を著したトーレンである。[21] トーレンの議論は多岐にわたるが、カヴァ儀礼に関する基本的論点を要約してみよう。

まず、社会構成の面でトーレンが注目したのは、フィジーにおける首長を中心とする上下的な垂直的地位体系と、交叉イトコ（父の姉妹の子供、母の兄弟の子供）関係に代表される対等でフランクな互酬的社会関係とが、同一社会内に共存することの理解である。カヴァ儀礼への参加は、好むと好まざるとにかかわらず、住民として果たさなければならない社会的義務となっている。祖先の力に由来するカヴァの霊的力は首長が就任式儀礼の際に獲得するものであり、その儀礼を通して、首長は祖先と住民との霊的力の媒介者となる。

さらに、その上下的身分秩序は、社会的に上とみなされる側を陸に、下とみなされる側を海に対応させる相補的な二元論的世界観によって差異化されており、また、その序列は、性差や系譜上の地位などに応じて決まっている。その地位体系はカヴァ儀礼によって再確認されるから、それを見て育つ子供にフィジー人の人間関係や社会のルールを学習させ、しつける機会ともなる。

トーレンによると、娘は、結婚して夫の世帯内に組み込まれると、夫より下側（海側）の地位に位置づけられる。そのため、交叉イトコ（異性のキョウダイの子供）の対等の関係が、結婚して、夫の世帯内の垂直的な上下的地位関係に「変換」される。娘は、いわば、カヴァが首長に供犠されるように、嫁入りすることで夫の世帯に「供犠」される。トーレンは、このように解釈し、その関係の矛盾を調整するのが夫婦間の愛（ロロマ）であると分析している。[22]

以上のトーレンの説に関しては、カヴァ儀礼そのものを考察した後、改めて問い直してみることにしたい。

4．カヴァ儀礼の経験現象学的意味

（1）天と地

今まで紹介してきたカヴァの諸説は、いずれも筆者の調査経験に照らしても誤りとはいえない。カヴァは今でも宗教儀礼において重要であると同時に、社会的脈絡の中で飲まれる飲み物である。また、カヴァが都市化・グローバル化の過程で、大きく変化したことも確かである。しかし、そのうちの一つだけの理由で、カヴァの社会的意義を説明できるようには思われない。また、カヴァが、国民的行事で飲まれるような新たに創造された状況で飲まれるようになったことも確かであるが、現在のカヴァが本当に、伝統的なカヴァと断絶があるかどうかについては、疑問が残る。

この問題を、先述した諸説のような宗教的、社会論的、政治経済論的な視点（規範・構造・出来事・ポリティクス）からではなく、自然、社会、文化を含むエコソフィー的な生活世界において、両側から支えられている世界内存在としての自己の経験性から考えてみよう。カヴァについては、例えばホカートが、次のようなタヴェウニ島の唄を記録している。[23]

それは雨の滴のようだ
それは雨の滴のようだ
私が掘り出しに行ったカヴァを
一人の老人が触る
私がそれを持ち上げる
そしてその土地を強叩する
彼らは乾いたカヴァを咬み続ける
冷たい水を持ち上げる
一人の老人が祈る
彼は全ての土地を数え上げる

この唄の正確な意味は不明であるが、天から降る雨の滴と大地のカヴァの根の豊饒性との関係を、そこに読みとることができる。筆者は、上記の唄と全く同じものをバティキ島の古老から聞き書きして現地語で記録したが、帰国後、ホカートの記録に照らし合わせてみて、一字一句違わないことに驚いたことがある。

天から降る雨は、大地を豊饒にする精液の隠喩であり、その天なる男性首長の呪的な力は、母なる大地の生命力を育む。そのことは、カヴァ儀礼で使う容器の造形にも暗示されている。その容器そのものが、女性の身体の意味を与えられている。器には四本か五本の「脚」がつけられているが、五本のものは東部のラウ諸島のものだと、筆者のインフォーマントは説明している。容器の内側の窪みは「腹」であって、ここに入れられるカヴァの水は、胎児を育む羊水を意味する。

天と首長との意味的連合関係は、容器に取り付けられたヤシ縄の紐と、その先端に括られる白い宝貝で象徴される。白は明るさ、清浄、神聖さを意味する色であり、首長への尊敬を表す。白い宝貝はサウ（聖なる力）と呼ばれるが、器全体の「頭」を意味する首長権の象徴でもある。[24] 集会が始まる前に、この紐は上座の首長に向かって直線に延ばされる。これは、その空間が儀式のおこなわれる神聖な場であることを示すサインである。ヤシ縄は天（首長）の聖なる力が器に伝わることを意味するから、その聖なる力が女性と大地を象徴する器（母胎）の中に入って結合し、新たな生命が創造される始源的世界を、その器が象徴していると見ることができる。容器に水が注がれ、砕いて袋に入れたカヴァの根をその中で濾すと、儀式の準備が整う。それから、首長に向けられていた紐がたぐり寄せられる。

この天と地、男性と女性、上と下を表すカヴァの器のシンボリズムは、カヴァ儀礼の際の家屋内に置かれる器の位置と座順にも示される。

図3－1に示したように、カヴァ儀礼の会場となる集会所や民家の間取りは、長方形でワンルーム・タイプであるが、理念的にはその空間が「上（頭）、中（腹）、下（足）」の三つの空間に区別される。そのうち、上側の奥の空間は通常、樹皮布や布のカーテンで仕切られているが、壁で仕切られてベッドが置かれ、家長夫婦の寝室として利用されていることが多い。儀礼で利用されるのは、それより下側の「腹」と「足」の空間である。

家屋には下側の通用口の他、ゲストや首長を招くような特別の機会に利用される非日常的な出入り口がある。[25]
カヴァを飲むときには、その器は部屋のほぼ中央（家屋の「腹」）に置かれる。それより上側の中心に首長の座がある。人々は、上座の首長を中心に下座へと、器を取り囲むように地位に応じ下座に座る（図3－1参照）。地域的偏差はあるが、概して、村内の副首長（サウトゥランガ氏族）、首長の伝達者（マタニヴァヌア氏族）、戦士（サワニ氏族）、伝統宗教の司祭（ベテ氏族）、漁師（ラマシ氏族）と呼ばれる各氏族の長老たちであり、この順序で上から下へと両側に分かれて座る。キリスト教の牧師や他地域の有力な首長が招かれたときには、首長の座の両側へ横に並ぶ。カヴァの器の下側にある通用口の側が世俗的な方角（足側）であり、そこに女性と若者その他の村人が、思い思いの場所に座る。

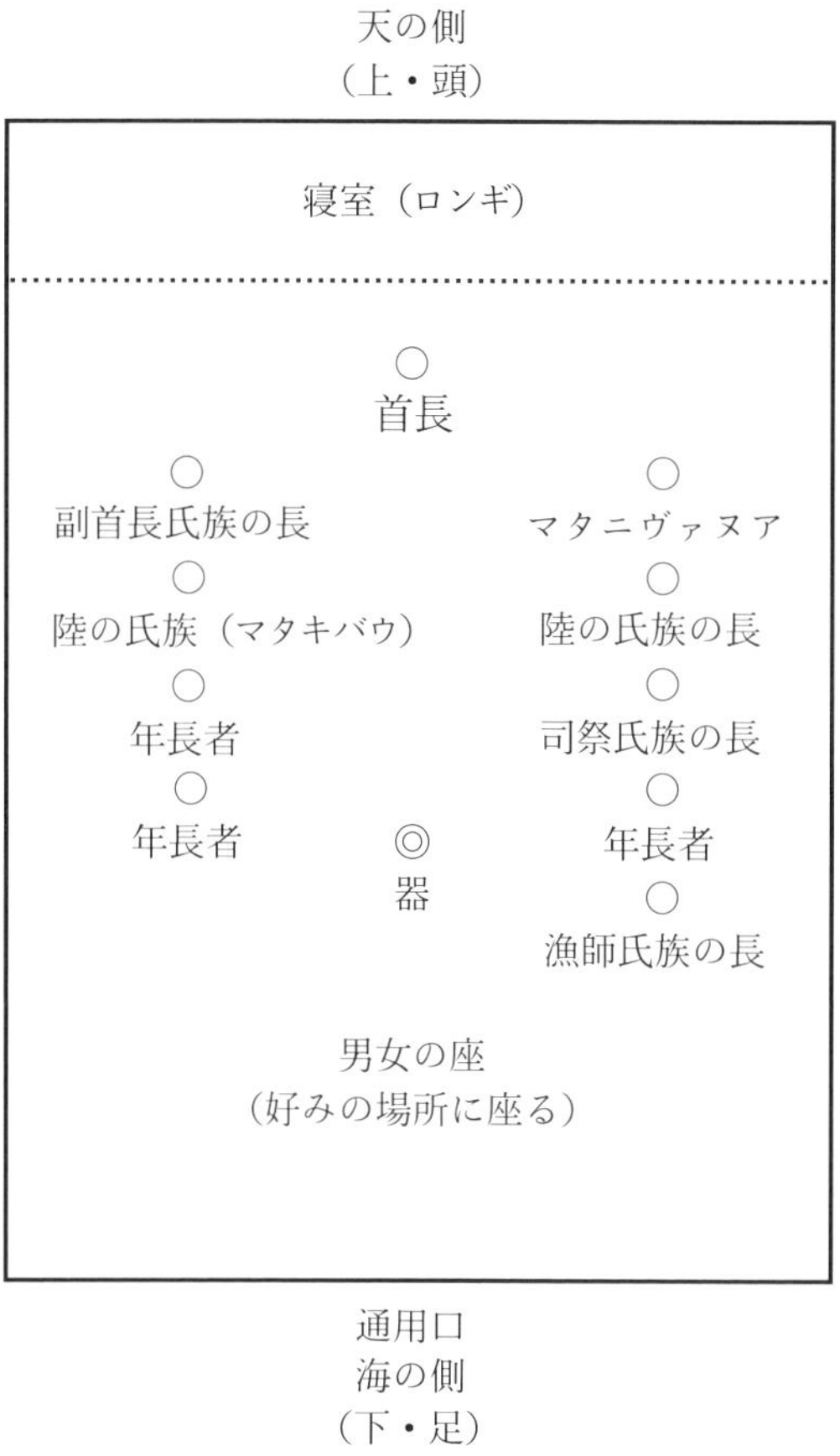

図3－1　カヴァ儀礼の座順の一例

バティキ島のヤヴで行われた儀礼の一例。マタキバウは、バウ島の大首長を訪問するときのリーダーで、戦士（サワニ）氏族の長老がなる。戦士と伝統宗教の司祭（ベテ）は同じサワニ（陸の民）に分類される。マタニヴァヌアは首長氏族に分類されている。座順は、天、陸（カヴァの器の座）、海のエコソフィー的構成を示していると考えられる（第2章の表2－1参照）。

繰り返して言えば、セヴセヴの儀式に限らず、原則としていずれも同じであるが、これはあくまでも理念であって、必ずしも図式どおり運ぶとは限らない。

(2) 認識の焦点としてのカヴァの器

さて、ここで筆者が注目しておきたいのは、家屋内空間における座順と方位観の問題である。まず、家屋の内部空間全体が方形(長方形)であり、その空間が身体の隠喩になっていることに注目してみよう。インフォーマントの説明によると、この場合、家長夫婦の寝室のある頭側に首長の座があり、そこが天の方向とみなされている。逆に、通用口の側が足側で、この世の側(海と陸の側)を表している。カヴァの器が置かれるのは、天と海の中間の、陸に相当する個所である。言い換えれば、家屋内の中央(カヴァの器の置かれる場)を陸とすれば、通用口に近い方向が足(下)側で海となる。事実、通用口から室内を眺めると、足元に家の中に入るための石段(現在ではコンクリートが多い)があり、そこから室内へ入ることは、海側から陸側に上り、奥の側の天の方向を見ることを暗示している。

さらに、通用口から見て家屋の内部の左右の「側」には、非日常的な出入り口がある。儀礼のときには、その両側の出入り口に背を向けて、参加者は上から下へと順に並ぶ。しかも、その両側の人々は、カヴァの器の方向に向かいあって(つまり対面して支え合って)いるとみなされる。同様に、上座の首長と下座の一般の人々も、両側から対面して支え合う関係にあると考えられている。

要するに、理念的には、カヴァ儀礼に参加している人々は、器を中心に、上下(垂直的)と左右(水平的)から器に向かい会い、全体として四角形になる対面的な座を構成する。この四方から向かい合う形は、カヴァ儀礼

写真３－５　カヴァの器を囲むバティキ島ヤヴ村の首長

中央は、首長（左端）の長男。現在は、首長は前首長の弟が継承している。この村に滞在する時は、島の大首長（写真３－１）を訪問した後、ヤブ村の首長にカヴァの根を献上してセヴセヴをおこなった。

の会場である家屋の内部空間の形象であると同時に、両肩と腰の両側を結ぶ四角形の身体の形象でもある。それを筆者の言葉で表現すれば、家屋空間の中心に置かれるカヴァの器は、人々が四方から対面して互いに視線と心を結ぶ認識の焦点である。さらに、このワンルーム型の家屋内の空間は上・中・下の三つの空間に分割されているが、それぞれ天・陸・海の三つの空間に対応すると考えられている。その分類は、先に説明したように、上座の首長を中心に、上座から下座へと両側に並ぶ各氏族の座順にも対応している。

以上のことから考えると、カヴァの器は、世界（自然）・家屋（物質）・人体（生物）の区別を超えて、生活世界の四つの「側」とその中心点（器）を表す、前章で述べたエコソフィー的なイメージ図式の具体的表象と考えて、さしつかえないだろう。

フィジーとその周辺地域のトンガやサモアのカヴァ儀礼では、それをおこなう場としての家屋空間の形象について、すでにいくつかの論争があった。

まず、ボットは、トンガのカヴァ儀礼の場である家屋のレイアウトを円形と考えたが[26]、リーチはそれを、首長が座る側の半円形と、カヴァを献上する人々の座る側の半円形とが、両側から合わさって一つになった

写真３－６　サモアの集会所でのカヴァの儀式

サモアのカヴァの器は、フィジーの物より脚の数が多い。家屋は民家も含め、楕円形タイプが多い。

写真３－７　サモアのカヴァの儀式

形であると主張した。[27] それに対して、リッチーは、トンガの家屋空間の座の構成は、四角形が基本であると考えた。[28] さらに、ケプラーは、トンガについて、首長とマタプレ（首長の従者）が一方の端に、カヴァを混ぜて献上する人々がその反対側の端に首長と対面して座るが、その両端がトウア（*tou'a* 端を占める意味）と呼ばれることなどを根拠に、その家屋空間の基本は四角形であるという見解を提示した。[29]

他方、サーリンズは、フィジーのモアラ島の事例から、家屋の内部空間は楕円形であるが、理念的には首長の側と平民の側、海側と陸側の両側に分かれる構成であり、双分組織や四クラス体系に通じる問題であると分析した[30]。しかし、筆者自身のフィジー中部諸島から得られたデータは、サーリンズのそのような見方よりは、家屋の内部空間を基本的に四角形と考えるトンガについてのリッチーやケプラーの見解に近い。

フィジーの空間の中心に置かれる器の中のカヴァは、天から降る雨と同一視されている。カヴァの器を四角形（四つの側）の中心点と考える見方が許されるとしたら、そのカヴァの器を支える天の力こそ、その四つの側を支える第三の力と考えることができると筆者は考えている。それは、氏族、村、島から世界までの生活世界の全体を貫く、トータルな認識図式であると想定できる。筆者の調査からカヴァ儀礼の座の構成を四角形とする認識の存在が明らかであることから、筆者は、トンガでもモアラでも、両側から対面して座る両側性と、その両側を統合し媒介する第三の力（神）の認識を確認できるのではないかと考えている。

5. 両側を結ぶ天の第三の力

ここでもう一度、先に述べたトーレンの議論に戻ってみよう。以下では、二点に注目しておきたい。

その一つは、ヴェインガラヴィ（*veiqaravi*）に対面関係と友好関係（face to face relationship）の意味があり、その言葉が二つの矛盾する社会関係（垂直的関係と水平的・対等的関係）のどちらにも使用できる概念であることを、トーレンが指摘したことである。従来の研究者が注意を向けなかったという意味で、それは重要な指摘である。ただし、彼女は、カヴァ儀礼で杯を廻す順位についての「陸と海」の相補的対立性から説明できると述べるに留め、「天と地」の相補性（ヴェインガラヴィの関係）に関しては、深く言及していない。

トーレンはヴェインガラヴィを対面関係と翻訳したが、筆者のインフォーマントはさらに、それには世話や家事の意味もあり、穴（ガラ）に関連のある言葉だと説明した。まず、目・鼻・口・耳は、いずれも体内に息・水・食物・光・音のような生命力を出入りさせる穴である。したがって、顔そのものを穴（ガラ）と呼ぶこともある。そのため、対面は、心と生命力を交流させるイメージを喚起させる。またそれは、仕事や世話をする場（穴）の意味にもなる。カヴァ儀礼で、上下・左右から中央のカヴァの器に向かって対面するのは、まさに顔を向かい会わせて、器の穴の世話をする行為である。

要するに、筆者の言葉で言えば、原理的に矛盾するかに見える二つの関係（トーレンの言う垂直的と水平的）は、いずれも、カヴァの器（生命の器）を上下（垂直的）と左右（対等的）から囲んで内側に向かって対面するように、四つの「側」から成る形象（四角形）の一部であるから、矛盾とはいえない。

もう一点は、首長の「先導者 herald」[31]であるマタニヴァヌアが、首長の意向を人々に伝えたり外部から訪れたゲストを首長のもとに案内したりするだけでなく、より広く、社会的な媒介的役割をもつことに、トーレンが注目していることである。

カヴァ儀礼でも、マタニヴァヌアは首長の次に杯を飲む。既述のように、家屋の中央に置かれた器のカヴァは若者によって小さな杯で汲まれ、首長から先に順番に捧げられるのであるが、首長の次に飲むのがマタニヴァヌアである。トーレンは、最初の首長の杯とマタニヴァヌアの杯が一つ（第一の杯）と数えられるように、第二と第四の杯は数えられず、初めの第一、第三、第五の杯のみが最初の「三つの杯」（聖杯）とされると報告した。[32]

それではなぜ、このような数え方をするのだろうか。

先述のように、カヴァ儀礼は、首長に捧げる儀礼という以上に、世界に生命力を循環させる表現である。事実、首長が不在でも、それは代理の者によっておこなわれることがある。筆者が一九九六年にバティキ島を再訪したとき、ちょうど首長はスヴァに出かけていて不在だったので、副首長氏族の長老と漁師氏族の長老が、筆者のセヴセヴに立ち会ってくれた。この場合、最初のカヴァの杯は副首長の氏族の長老が飲んだが、第二の杯（つまり、ふつうはマタニヴァヌアが飲む杯）を飲んだのは、漁師氏族の長であった。つまり、マタニヴァヌアの役割を、漁師氏族の長が担ったわけである。その三番目の杯（第二の聖杯）は、筆者に廻ってきた。

写真3－8　首長不在の時のカヴァの根の献上儀礼

カヴァの根の前に座るのが漁師氏族の長。向かってその左が副首長氏族の長老（氏族長の弟で現首長）。バティキ島ヤヴ村にて。

その理由について尋ねたところ、その両方の氏族長が第一の杯と第二の杯を飲んだのは、二人が、交叉イトコ関係にあるからだという。つまり、首長とマタニヴァヌアの関係は、交叉イトコ（特に異性の交叉イトコは、理念的な結婚相手である）と似た関係だということになる。つまり、第一の杯と第二の杯は、二つで一つとなる（一体的な）イトコ関係に似ているということである。同様の関係が、第三と第四、第四と第五の杯の間にもそれぞれあると考えられる。

フィジー語では、マタニヴァヌアのように両側を媒介する人を、一般にランベ（*rabe*）と呼ぶ。したがって、首長の意向や聖なる力を人々に伝えるのがマタニヴァヌアの任務であるから、マタニヴァヌアはある種のランベであると、筆者は考えている。それは、両側を媒介するマタニヴァヌアの役割のひとつが、カヴァ儀礼で「タロ」(*talo*)ないし「タキ」(*taki*)と告げて、中断していた杯の廻し飲みを再開させることにも示されている。要するに、マタニヴァヌアないしランベの役割は、日本語流に表現すれば、両側(の人や生命力の循環)を橋渡しすることにある。

それでは、そのランベの連鎖による生命力の循環は、先に述べた家屋内の空間構成や座順と、どのような関係にあるのだろうか。

まず、カヴァの生命力の循環がワヴォキと呼ばれている事実に注目しよう。この場合、部屋の中央に置かれた器の中のカヴァの生命力が、小さな杯に汲んで廻し飲みされることで、円環的にワヴォキ(循環)することになる。ランベには「跳ねる」意味もあるが、それは生命力の循環のイメージと関連があると考えられる。

次に、その循環の理念は、儀式の会場となる家屋の内部が、上・天(頭)、中間・陸(腹)、下・海(足側)に分かれる空間構成に関連があるとも考えられる。最初のカヴァの杯は、天の側の首長が飲む。その神秘的力は、ちょうど先に引用したホカートの記録したカヴァの唄のように、大地へと落ち、そこから海へと流れる。そして、海の水が蒸発して再び天に戻るように、カヴァも循環して首長に戻る。このように、カヴァ儀礼は、そうしたエコソフィー的な自然・社会・身体の生命力の循環を表す儀礼と考えることができる。

言い換えれば、ちょうど家屋空間の四角形の四隅と四辺が支え合って世界を構成するように、あるいは頭・腹・足の三者が協力して血液を循環させて身体を維持するように、天に相当する首長、陸に相当する各氏族の長、海の側の一般の人々は、互いに支え合って生命力を強化する。カヴァは、その支え合いと生命力の循環を象徴する飲み物であり、最初に飲まれる「三つの聖杯」の神聖性は、天と地と海の三対関係そのものを「基礎」ないし「出発点」とする見方を表すものと解釈できる。

先に引用したホカートの記録するカヴァの唄のように、天の神秘的力が大地に落ち、そこから海へと流れる。さらに、海水は蒸発して再び天に昇る。カヴァの杯も、天を起点とする天・陸・海の自然の生命力の循環と多産豊穣を表象する。

6．世界内存在としてのカヴァ

以上のような筆者の説明は、政治的権力関係や個人の経済行為を記述していないという意味で、物足りなく感じる読者もいるかもしれない。しかし、個々人が見る生活世界は必ずしも、反抗したり抵抗したりする支離滅裂な世界ではない。それどころか、南太平洋のカヴァは、彼らの日常経験と結びつき、かつ社会的に共有されている伝統だからこそ、好まれるのである。

その意味で、カヴァは、住民の心身から遊離した次元の社会文化の知の体系とは言えない。むしろ、それは、テクスト主義や資本主義的近代主義ないし政治経済主義にとらわれない見方を提示しうるテーマである。言い換えれば、カヴァは、この土地に君臨した外国人にとっては排除すべき忌まわしい飲み物であり、ポストコロニアル論者が主張するように、民族アイデンティティを確認するために残っている伝統の断片に見えたとしても、その土地にもともと生きてきた地域社会にとっては、古来から共有されてきた文化であると同時に、それを飲む個々人の心身レベルの嗜好、感覚、人格、思考と社会、個人と世界、人間と自然界を結ぶ特別な望ましい飲み物なのである。

実際、カヴァは、社会文化、政治経済の変容によって、大きな影響を受けてきた。理解が困難な飲み物であるゆえに、学術的にも多様な立場から論じられてきた。先述のように、時には外部の人々に誤解され、迫害さえされてきた。ポストコロニアル論的傾向の強い研究者は、それを、他集団・他民族に対抗し、観光客に伝統として誇示することで、自分たちの文化を主張し、民族のアイデンティティを確認するための創られた伝統であるとか、政治戦略の手段であると考えた。

本章で筆者が示したのは、カヴァの社会文化的意味の解釈や政治性というよりは、日常の経験世界に暮らす人々から見た、その存在論的意味である。その共飲の儀礼は、天候の移り変わり、体内の血液、呼吸、水のような生命力の循環と、感覚的・経験的に共鳴しうる現象である。「ブラ!」(元気?・こんにちは!)とか「良い天気だね」という挨拶の「ドラキ・ヴィナカ」は、血液(*dra*)の循環と意味的に通じる。体内の頭・腹・足の全体を巡る血液・水・呼吸・食物も、大気と同様、ワヴォキと呼ばれる。対人関係も、身体の「穴」を通して、心と生命力がワヴォキすると考えられている。それは、自然・社会・文化と身体の血液の循環の間の隠喩的関係を分析することよりは、それらを貫いて見られるエコソフィー的な自然認識に関連がある。

また、筆者は、ここで、カヴァのもつ経済性や歴史的変化の重要性を否定して、その伝統に固執しているわけではない。確かに、カヴァは南太平洋の植民地化と独立後の観光地化、都市化、近代化の過程で大きく変化してきたし、カヴァそのものも、それに合わせて、宗教的・政治的・社会的に偏見や迫害を受けながらも、それを乗り越えて、産業化・商業化するほど成長してきた。しかし、いかに社会文化の姿が変化しても、いかに政治的・宗教的に抑圧されても、住民の経験に裏打ちされ、間主観的に共有される意識・信念・認識枠組みが大きく変わらないのであれば、「伝統」といえる。都会でカヴァを飲む先住フィジー人にとって、カヴァは、客体化されて新たに創造され、政治的意図をもつ伝統飲料というよりは、今でも友好的な日常の人間関係の中で重要な意味をもつ、伝統的な飲み物である。
繰り返せば、カヴァの器を左右と上下から輪になって囲む人々がカヴァを飲む様子は、以上述べてきたような、彼らの生活世界に深く根ざしている神の創った「伝統」（かたち）の一部である。カヴァが、歴史的に迫害や偏見を超えて、あるいはグローバル化や都市化に伴い産業化され、ますます盛んになりつつあるのも、それが彼らの意識と社会文化に浸透している伝統であることに起因すると考えられる。

注

（1）Thomson, B 1908. pp.346-347.
（2）一九八五年と一九八六年に、三回にわたる、関西オセアニア協会（後に日本オセアニア交流協会に改称）の南太平洋諸国の視察団。その筆者の報告は、河合 一九八六にまとめられた。
（3）トンガのカヴァに関して、コロコットは「旅行団へのカヴァ」という一節を設け、旅行のパーティーのリーダーに、カヴァの根を差し出した事例を報告している（E.E.U. Collocott 1927, A.R.Derrick 1927. p.44）。トーレンもまた、フィジー中部諸島のガウ島について同様の報告をしている（C.Toren 1990. p.103）.
（4）マキロイ、ロバート、一九八八、一〇一頁。
（5）キルハム、クリス、一九九八、八四～八五頁。
（6）Thomson, B. 1908. p. 341.
（7）Turner, James W. 1986. p.205.
（8）Toren, Christine 1989. pp.8-149.
（9）このような女性たちは、ビカンビカ（*bikabika*）と呼ばれる（河合利光、一九九七、一一～一五頁）。
（10）Hocart, A. M. 1929.
（11）Leach, Edmund 1972.

（12）Turner, James W. 1986. p.209.
（13）Sahlins, Marshall 1983, James W. Turner 1986. p.211.
（14）トンガとフィジーのカヴァを比較した大谷裕文（一九九七、一六四頁）は、フィジーでは、カヴァは土地の子供ないし若い首長の死体から生じたもので、外来者である支配者へ捧げられる供物であるとされるが、トンガのカヴァは「あの世ないしは異界の娘の死体から化生した有用植物である」ので「異界からもたらされた聖なる飲物」であるとして、その違いをまとめている。
（15）Turner, James W. 1986. p.213.
（16）Turner, James W. 1992. pp.291-302. カヴァについての先駆的研究については、R.H.Lester 1941/1942. 参照。
（17）Turner, James W. 1992.
（18）Kaplan, M. 1990, Karen J.Brison 2001.
（19）Turner, James W. 1986.
（20）Derrick, A. R. 1946. p.10.
（21）Toren, Christine 1998. 1990.
（22）トーレン（C. Toren 1989.）は、垂直的な社会関係とカヴァ儀礼の本質が、フィジーのカニバリズムとも関連があったと指摘している。
（23）Hocart, A. M. 1929. p.65.
（24）紐の先に取り付けられる白い宝貝は、首長の権威に対する尊敬を意味する。貝はブリ（*buli*）と呼ばれるが、その形が尻（*bulida*）に似ているともいう。相反する聖俗二重の意味が、そこに含まれている。
（25）カヴァ儀礼について報告したトーレン（C. Toren 1990. p.93.）の描いた図を見ると（この場合は民家ではなく集会所ではあるが）、上側（寝室に相当する場）にも首長の出入り口があるだけでなく、中央の両側の非日常的な出入り口もそれぞれ男性用と女性・若者用の出入り口に分かれており、合計六つ出入り口がある。しかし、寝室の側の出入り口は、筆者の知る限り、窓になっていることが多い。

なお、先に述べたスヴァ近郊の数世帯の入る長屋形式の二階建て住居（次章の写真4－7参照）では、二階部分が「頭」に対応するが、足に対応する出入口の空間がないため、一階部分の表玄関を非日常の出入り口とし、その反対側の裏庭への出入り口に広い張出を造って屋根をつけ、そこを「足」側の出入り口（通用口）にしていた。

(26) Bott, Elizabeth 1972.
(27) Leach, Edmund 1972.
(28) Ritchie, Barbara 1983. p.32, cf. A. L. Kaeppler 1989. pp.222-223.
(29) Kaeppler, Adrienne L. 1989. pp.222-225.
(30) Sahlins, Marshall 1976. p.36.
(31) helald はホカート（A. M. Hocart 1913. pp.109-118.）が使ったマタニヴァヌアの英語訳。
(32) Toren, Christinas 1990. p.92, p.108.

第4章
問い直されるカストム
生ける身体と始源の記憶

ヴァヌアツの割れ目太鼓（タムタム）、祖霊像。儀式や通信で使用する、ある種の楽器。（パプアニューギニア大学の植物園にて）

1. はじめに

一九七〇年代から一九八〇年代に太平洋諸国の多くが独立したが、その頃、ヴァヌアツ、ソロモン諸島、パプアニューギニア等のメラネシア諸国を中心に、伝統文化の歴史性や政治性に目が向けられ、彼らがカストム（慣習）と呼ぶ伝統的慣習の真正性に関する論争があったことは記憶に新しい。一般にポストコロニアルと呼ばれるこの論争は、近代化・産業化・観光地化などのグローバル化に伴う民族文化の多様化、断片化、伝統の解体と政治化を重視するポスト構造主義ないしポストモダニズムの研究動向とも歩調を合わせていた。

本論では、この論争を蒸し返すことを意図しているわけではない。筆者が関心をもつのは、そうした動向のなかでかつて論じられたカストム（伝統的慣習）の意味を、その後に報告された関連の民族誌的研究の諸事例を参考にしながら、改めて問い直してみることである。[1] 以下では、フィジーの生活世界、とくに家屋・家族・食文化に焦点を絞って、それを検討する。

2. カストムの記憶と体現

（1）経験の文化現象学

まず、「生ける身体」への関心を筆者がもつことになった経緯から、話を進めさせていただきたい。それが本論の立場を明確にすると考えるからである。

筆者がミクロネシアのチューク環礁に足繁く通っていたのは、一九七七年に始まって一九九六年までであったが、調査を開始した当初に気づいたことのひとつは、オセアニアのどこにもみられる、世界を右と左、男性と女性、陸と海のように両極に分ける象徴二元論的分類体系を、当時の日本の学会の主流であった構造主義や社会組織論では、充分に納得できないことであった。つまり、外側から現地の文化を客観的に分析する科学観からすると、確かに象徴二元論的に分析できるが、より具体的に踏み込んで調べていくと、むしろ、身体・食物・自然界・地域空間などの全てを半分・半分に分け、逆にその両側を合わせる論理が前提にあった。さらに、その論理は、現地の人々の二項対立的な普遍的思考の結果というよりは、身体のバランス感覚、両側からの対面と抱擁、感情、生理作用などの身体認識や経験性を含む、身体経験と認識に深く根ざす問題であることが分かってきた。

筆者が当時、「生ける身体」という言葉を直接使っていたわけではないが、生活世界における身体と現地の人々のその経験的理解について、自身の立場を次のように記したことがある。我田引水になるが、本章の内容にも関わるので、その一部の引用をお許し願いたい。

人間は想像力を介して自身の取り巻く世界を形として認識するが、逆にその主体は生身の人間である。つまり、日常世界における文化・社会の構成と人間関係の相互作用の中で、知的、感覚的、生理的に経験し、納得する媒体が自身の身体である。身体は、外側から付与された単なる記号的媒体というよりは、社会文化の構成や生活環境との相互作用の中に存在し、文化的意味を隠喩的に経験し組織化する基礎である。それゆえ、心理学や生理学のテーマとされるような精神作用、思考、生理作用、知覚、生命観等の諸現象も、文化的想像力の関与する認識の対象となる。(2)

当時、こうした着想に最も近いと思われたのが、アメリカの言語学者のレイコフと哲学者のジョンソンが経験現象学と呼ぶ、一九八〇年代以降の研究であった[3]。彼らは、人間は隠喩を通してしか認識できないとする立場から、身体感覚や経験を通して創出される前意識的な円形、球形、直線、中心と両端のようなイメージ図式の認識的創発性の理論を提示した。筆者は、同様の意味で、バイオロジー的次元の心身とその表象との関係を「隠喩的組織化」と呼び、心身二元論的・客観主義的視点を前提とする研究に疑問を提示した。

筆者が上述の論文を脱稿し終えたのが一九九〇年代半ばであったため、残念ながら参照できなかったが、医療人類学のソーダスは一九九〇年代以降に、レイコフとジョンソンの研究だけでなく、ブルドゥーのハビトゥス論や認知科学の影響を受けて、前概念的な認識の創発性とその実践（ソーダスの言葉では体現 embodiment）の研究を発表しつつあった。

ソーダスは、筆者が先の引用文中で「文化的意味を隠喩的に経験し組織化する基礎」と表現したものを、より現象学的立場を明確にしながら、世界内存在としての「生ける身体」の「文化的存立基盤」と呼び、身体化され客体化（objectification）された経験の前概念的認識と、そこから体現され実践される行為の表象との関係性を論じていた。さらに、ソーダスは、自らの立場を文化現象学と呼んだ[4]。

こうした方向性は、次に紹介するように、欧米諸国の最近のオセアニアの興味深い動向のひとつにもなっている。以下、フィジーやミクロネシアでの筆者の調査データと突き合わせながら、いくつかの民族誌的研究を紹介する。

（2）記憶の始源

まず、文化の身体化の問題は、経験や学習を重視する記憶論とも関連がある。よく知られているように、コナートンは集合的記憶がどのように伝えられ、維持されるのかについて問いかけ、「我々の現在の経験は、主に、過去の知識に依存している。しかもその過去のイメージは、現在の秩序を正当化するのに役立つ」[5]と述べた。

ここで、カストム論との関連で注目しておきたいのは、ソロモン諸島のサバール島に関するバッタグリアの報告である。[6] バッタグリアによると、サバール島の「心・認知」を意味する言葉にヌウォ（*nuwo*）がある。ヌウォの派生語であるヌウォッツ（*nuwotu*）には、組織的・経験的な思考のルーツの意味があり、さらにそれは、分岐したものを系統化させ、元の場所（homeplace）に集合させる思考や感覚能力のことである。記憶や情動（*nuwa-*）の働きも、同様の思考のプロセスとして認識される。

要するに、記憶とは、差異化されたものを身体化して合一化させる作用であり、そうして合一化したものが再び分岐する以前の、前概念的で未分化な「場所」（集合点）と「記憶」（認識の集合点）のことである。その分岐する以前の未熟で曖昧な概念は、そこから形成される行動・実践・慣習以前のイメージと、始源的・前概念的な認識である。

バッタグリアの報告するサバール島にも、同様の伝統の認識の仕方がある。彼女は、その未分化な状態から分岐していくイメージが、受胎・妊娠・出産の過程のイメージそのものであると記している。その始源の生命が未分化で曖昧な状態から明確な形へと変化するイメージは、原初の両性具有的な始祖の住む始源の時代（過去）から現在に至る時間の流れと、そこから男性側の子孫と女性側の子孫へと分岐していく社会的プロセスに対応する。

バッタグリアはまた、サバール島の始祖の創造神話が、過去から現在に至る記憶の認識にも似ていると報告している。[7]

サバール島のヌウォは、筆者がミクロネシアのチューク環礁で記録したことのあるネーウォ（*neewo*）と、言葉だけでなく内容的にも著しい類似性がある。ネーウォは、作物を畑に植え付けて肥料を与え、根元を固めると立派な作物が生えてくる意味であるが、それはさらに、心の中に立派な心が育つことの隠喩でもある。さらにまた、文化、社会、人格、行動などのすべての表象が現出するための、植物の根元のような生命の源・基礎・始源の意味でもある。筆者にその言葉を語ったイタン[8]によると、祖先から伝えられた言葉と知識は心の中の根元（ネーウォ）であり、個々人の道徳性・個性・人間性・慣習の源である。その「心の中の種（石）」は子孫に言葉として伝えられるが、その祖先から伝えられた言葉は心の中に植えられる。身体の外側を見る目よりも心の中の目の方が本物であるから、子孫が前の世代から学んだ心の中の「種」（「石」ともされる）を育て、それを固めて（遵守して）実行すると、心も暮らしも豊かになる。[9]

この心の中の根や石を「始源の記憶」と呼ぶなら、それがチュークの始源の記憶とそこから生じる個々人の人格と行動の実践、及び表象のルーツということになる。実際、古くから伝わる儀礼用容器・慣習・行動などの伝統文化は、チュークではアーレニ（*éereni*）と呼ばれるが、それは神が創造した「本物」の伝統や慣習を指し、外国由来の文化からは区別される。その思考とイメージ形成のプロセスは、先述のサバール島のヌウォの意味と基本的に同じである。

したがって、外部の人の目には変化（西洋化）して新しく創られた「伝統」と映る現象も、日常生活における住民の意識に照らして、過去の始源の時代にルーツをたどりうる「伝統」と認知されるのであれば、彼らの真正の伝統でありうる。

（3）「神が創った形」としての伝統

次に、メラネシアのカストム論との関連で注目されるのは、ニューギニア島北方に浮かぶウォゲオ島を調査したアンダーソンの研究である。[10] アンダーソンは、景観人類学の立場から、哲学のハイデッガー現象学やソーダスの文化現象学などの影響を受けながら、現象学を記号論で補完することで、ウォゲオの人々が特定の土地に自身の経験の記憶と意味を与えながら行動することにより記憶を集合的に刻印する場所として、景観を論じた。アンダーソンにとって、景観は、自身の主観的経験に満ちた場所であるだけでなく、過去からの記憶が岩や史跡、人と出来事の歴史として土地に刻まれ、幾世代にもわたって継承された場所である。

現在の景観と過去の記憶とのこの関係を、アンダーソンは、ウォゲオ島のカストムに相当する言葉、シンガラ・ナナサ・モアから解説している。それは、「遠い過去」（モア）の「航海用カヌーの舵・マナー・慣習」（シンガラ）の「物語」（ナナサ）、つまり、遠い昔、偉大な技術と知識を持った人々が、島にカストムをもたらした物語の意味である。[11]

ウォゲオ島は、全体として四つの地区に分かれているが、それが大きく東側と西側の二つの「側」（side）に二分されている。東側の中心地がゴレ（Gole）で、西側の中心地がダブ（Dab）である。東西の二つの「側」は、それぞれ二分されて両側に分かれる。

アンダーソンの景観論は、過去の記憶を伝統の神話的始源に求めている点で、バッタグリアの記憶論と似ている。アンダーソンは、島全体の中心地である東側のゴレにまつわるカストムの起源神話について、次のように報告している。以下、それを要約して紹介する。

始源の神のゴレイアンガイアンガは、ある山の頂に繭の中に入って降り、そこで幼虫に変わって人間になった。そこからゴレに降りて暮らした。彼が山頂に戻って、呪文を唱え、言葉を出すだけで、食物、豚、及びその神が心に浮かべたすべてのものが現れた。その神はウォゲオの東側半分の二つの「側」に、それぞれ食物を分け与えた。さらに、その両「側」にそれぞれ平らな石台を置き、その石の両側に儀礼用の柱を建てて、そこにつなぐ豚を与えた。彼が創ったものは、すべて一方の側と他方の側に与えられた。ゴレイアンガイアンガは、こうして世界を創造しながら移動し、食べ物を貰いながら歩いたが、最後に、その途中に小さな石につまずいて死んだ。カストムをもたらした神は、そのヒーローである。その英雄神話の社会歴史上の仕業は、景観上の多様な岩と形で表されている。[12]

この神話は、ウォゲオのカストムがすべて、始源の両性具有的な一人の神により創造されたこと、その神が天から降りて無定形の蛹から幼虫の姿に変わり、さらに人間へと次第に形を明確にしながらこの世に出現してカストムを創造したこと、カストムや土地の景観が山頂に降りた始源の神の活動の記憶の表象であること、天から山に降りた神にルーツをたどる島や村の土地が、両側（それぞれが、さらに両側に分かれるので四つの側）として表象されること、等を教えてくれる。

アンダーソンは島・村・籠など「すべてのものが四になる」（*Everything goes in four*）と語ったインフォーマントの言葉を引いている。[13] それは四角形のように、四つの側（縦の両側と横の両側）が一つに合わさった形と言い換えてもよい。そこから考えると、現在のウォゲオの慣習やマナーの秩序は、神話時代の遠い過去の始源の記憶にさかのぼり、逆に現在の表象（カストム）は、天の始源の神から受け継がれた秩序といえる。天から山頂に降りて島世界を両側に分け、さらにそれぞれの側を二つずつに分けたゴレイアンガイアンガは、世界を両側（ないし四方）に分け、その両側を統合する第三の力であると言い換えてもよいだろう。

以上のアンダーソンの報告するウォゲオの両側性とその始源の記憶の認識は、サバール島のヌウォだけでなく、筆者の調査した先述のチュークのネーウォにも似ていることが分かる。いずれも、現在のカストム（本稿では、メラネシアに限定しないでカストムを伝統的慣習の一般名詞として使用する）は、始源の祖先にルーツ（根元）をたどり、逆にその始源（神・祖先）をルーツとして現在の秩序が表象される。それは、人間の記憶とその表象（体現）の相互的プロセスでもある。

ここで再度注意を促しておきたいのは、それが「神の創造した伝統」であり、外国からもたらされた文化とは、住民によって概念的に区別されていることである。これは、次に検討するように、フィジーの伝統に関する住民の見方とも共通性があるからである。

3．家屋にみる両側性とサードネス

（1）フィジー人の家社会

フィジーで刊行された太平洋女性会議関連の本『フィジーにおける女性の役割』[14]を読むと、インド系の女性と同様、メラネシア系フィジー人の女性も男性を尊敬するようにしつけられ、家事に責任を持ち、行動の自由が制限されていると論じられている。

「家」については、レヴィ＝ストロースが家社会論の問題を提起して以来、多様な視点からの研究が進められてきた(15)。カーステン等は、東南アジアを中心として、居住や扶養によって寝食を共にし、食物サブスタンスを身体化し、行動を共にすることで親族となる「つながり（関係性）」（relatedness）の理論を提起し、親族研究にも大きな影響を与えた。

家社会の理論的枠組みを適用するなら、フィジーも、そうした社会のひとつである。一般に、フィジーの伝統社会の女性は家庭での家事・育児が期待されていたし、男性よりも地位が低いとみなされていた。一世代一夫婦で三世代同居型の直系家族を理念としており、一子残留（特に末子）の傾向がある。その他の男子は、他出するのでなければ、同じ氏族の土地に分家し、近隣にまとまって住む。女性は親の家に財産権をもたず、他家に嫁いで夫方に住む。

家における女性の地位を示す好例は、女性の嫁入りの時と未亡人になって兄弟が実家に戻るよう要請する時におこなうイラコヴィ（*ilakovi*）の儀礼である。夫が死亡すると、しばらく後に、未亡人の兄弟がタンブア（鯨歯）を持参し、実家に帰るよう依頼に来る。その際、「家」の継承者がそれに同意すれば生家に戻らなければならないが、息子が留まるよう希望すれば、そのまま子供たちと暮らすことができるという。未亡人が生家に戻る事例はほとんどないようであるし、イラコヴィそのものがどれほど現実に実行されているかは不明であるが、その理念の存在自体、日本に存在した「女三界に家なし」にも似た考え方が、フィジーにも存在する（した）ことを示している。

フィジーの理念的な結婚相手はタヴァレと呼ばれる交叉イトコ（男性から見て母の兄弟の娘と父の姉妹の娘）である。タヴァレはタ（*ta* 切る意味）とヴァレ（*vale* 家屋）の合成語で、そこには「他家」から妻を迎える意味が含まれている。「家」は、内部の人と外部の人を隔てる物理的枠組みであるから、たとえ実の交叉イトコとの結婚であっても、嫁入すれば、「他家」から入った夫の家の「嫁」(新しく家族になった人)と呼ばれる。[16]

伝統的には、掃除、洗濯、料理、海辺での仕事、床に敷くマット編み、育児が女性の役割であった。特に、若い「嫁」は大変である。食べ物が無ければ、家長夫婦は寝て暮らしていても、彼女は海で貝や魚をとってくるか、小麦粉や米を借りてでも何とか工面しなければならない。町に住む夫の親戚が大挙して訪れ、長く滞在することも稀ではない。里帰りする親戚は土産を持参するのが一応の礼儀だが、充分なほど持ってきてくれるとは限らない。金銭の工面に困った若い「嫁」が、夫に内緒で実の親に無心をすることも珍しくない。

(2)家屋の両側を支えるもの

しかし、以上のような家父長的な家社会モデルは、土地所有・家連合・政略結婚・財産相続のような社会中心的視点からの研究なら有用であるが、それだけでは、生活世界におけるその存在論的意味を捨象してしまう傾向がある。というのも、フィジー人は、「家」を、経済的・政治的な生活単位というだけでなく、男性と女性(夫婦)が同居して新たな生命を生み出す「種」のような生命単位(セマ)と、みなしているからである。そのように考えると、フィジーの「家」は、古典的な世界観研究にも似ているが、母胎、カヴァの器、村、島と同様の「生命の器」、ないし新たな「生命の始源」(出発点)と見る認識とも連なるテーマであることが分かる。

ところで、フィジーの家屋を比較研究したロスは、主要なタイプとして次の三つを挙げている。[17]

①ポリネシア文化の影響を受けた、ラウ諸島とその周辺の楕円形の家屋タイプ。

②フィジーに一般的な長方形のタイプ。しかし、地域的な偏差がある。

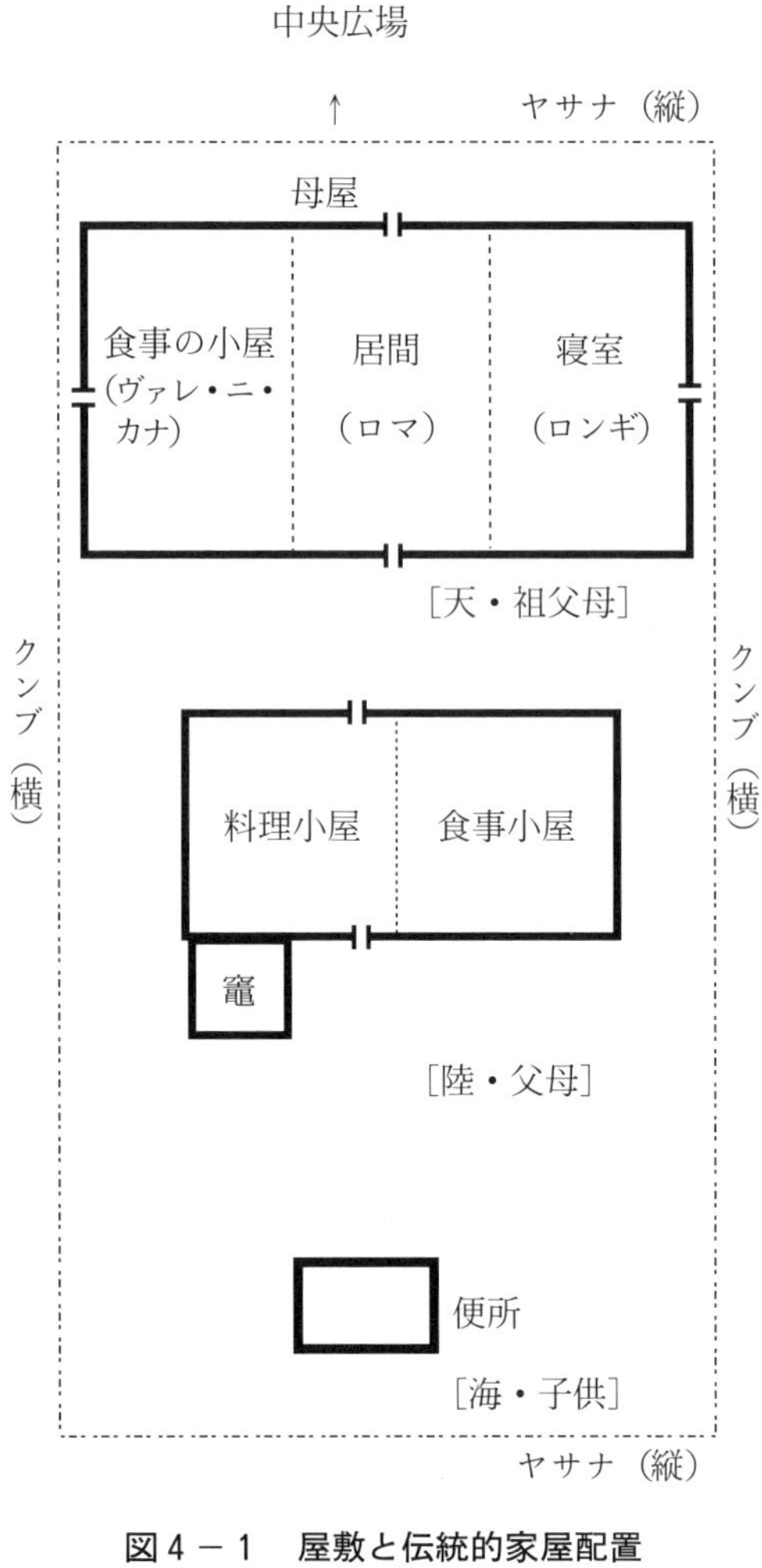

図4－1　屋敷と伝統的家屋配置
＝は出入口（理念図）

③ヴィティレヴ島の高地にある正方形の家屋タイプ。中心の柱が家屋全体を支える。それに屋根と壁を草で葺いて覆うと、円形のような外観になる。

さらに氏は、一本の中央の柱が長方形の家屋全体を支える中間のタイプが存在すると指摘している。

フィジーでは、ラウ諸島とその周辺を除く大部分の地域の家屋が長方形である。中部諸島に関する限り、個々の家屋だけでなく、屋敷も方形が一般的である。図4－1に示したように、屋敷は、縦（ヤサナないしヤサ）と横（クンブ）の組み合わせから成ると考えられている。

フィジーの伝統家屋では、母屋の両端のツマのある側がクンブと呼ばれる（図4－1参照）。また、家屋の四隅にはドゥル（膝の意味）と呼ばれる柱がある（図4－2の四隅に対応する）。その両側の入口のそれぞれ二本のドゥルの柱の上に短い横柱（クンブ）が渡される。さらに、二本の長い横柱（カウタンブ）が、クンブの横柱と垂直に交わり、内側を四方から取り囲むように渡される（写真4－1参照）。

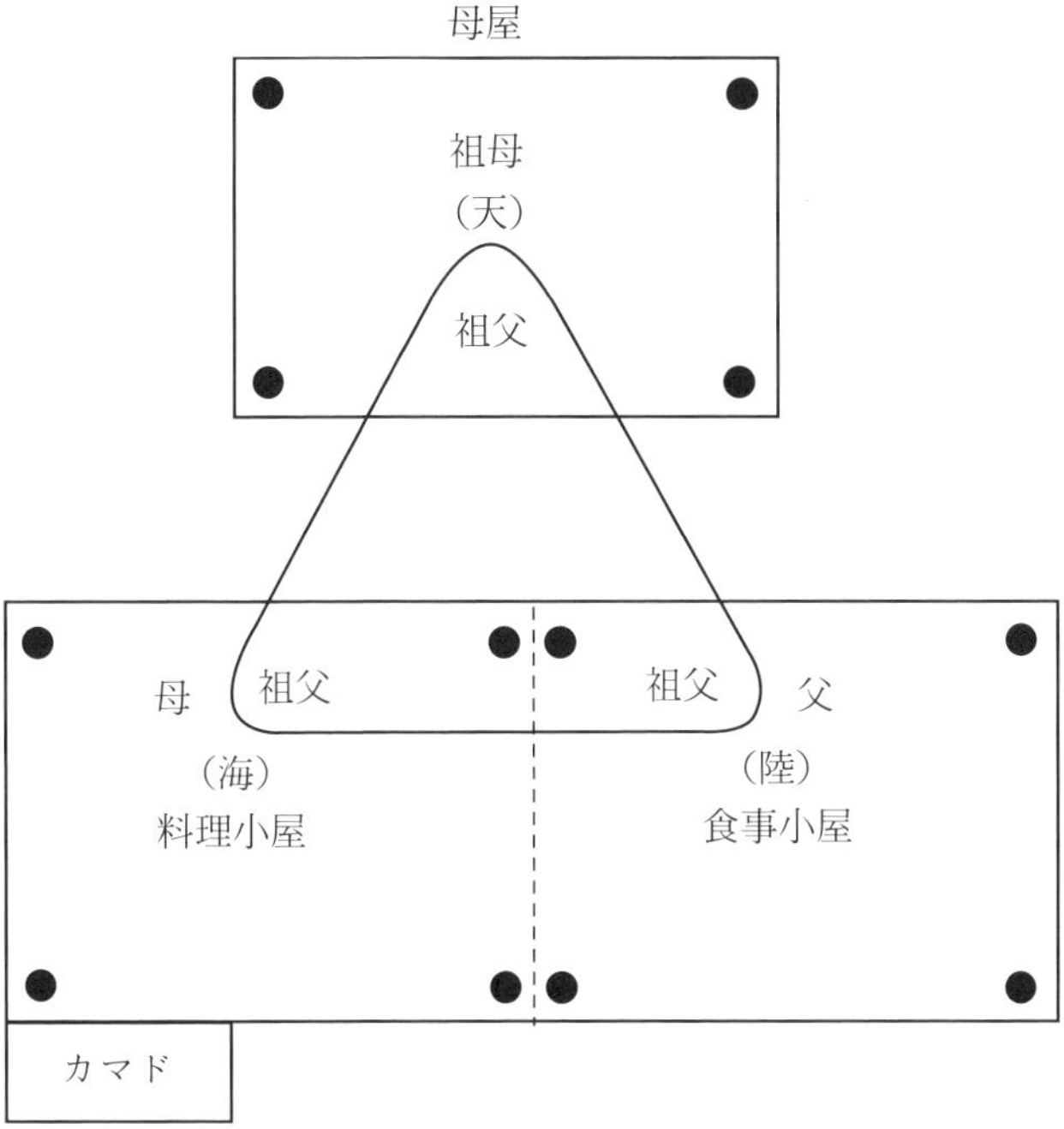

図4－2　祖母を中心とした家族の支え合いの民俗モデル

料理小屋と食事小屋は、一つの建物の中にあることが多い。祖母が天に、父が陸に、母が海に対応する。●は隅（*tutu*）。隅には祖父（*tutu*）と支えの意味もある。

　また、両側の入口の近くに、それぞれ一本の太い柱（ボウタ）が建てられる。この柱は家屋の両側の入口近くで、家屋の両側のツマと棟を支える。この柱の下に死体を埋めたという伝承もある。ロスによると、かつて死体は敷地内に埋められたが、一八七七年に、首長を例外として、埋葬場を村外に埋めるよう定められたという[18]。

　さらに、家屋の入口の内側にある両側のクンブの中心と中心を結んで置かれる柱の中心に、柱としての機能を持たない「背骨」と呼ばれる短い柱が置かれる（写真4－1の⑤）。その柱の中心には垂直の柱が立てられ、その柱が屋根の頂点（棟）を支える。棟はドカ（祖父母への尊敬を意味する）と呼ばれるが、それは家屋の頂点で、屋根の両側を支える結節点である。そのドカの両端の突出部が「耳」と呼ばれる（写真4－2）。

同様に、屋敷もまた、家屋のツマとクンブの側（辺）がクンブ（横）と呼ばれ、そのクンブと直角に交わり、長い横柱と平行になる側がヤサナ（縦）になる（図4－1参照）。つまり、屋敷は、両側のヤサナ（縦）と両側の

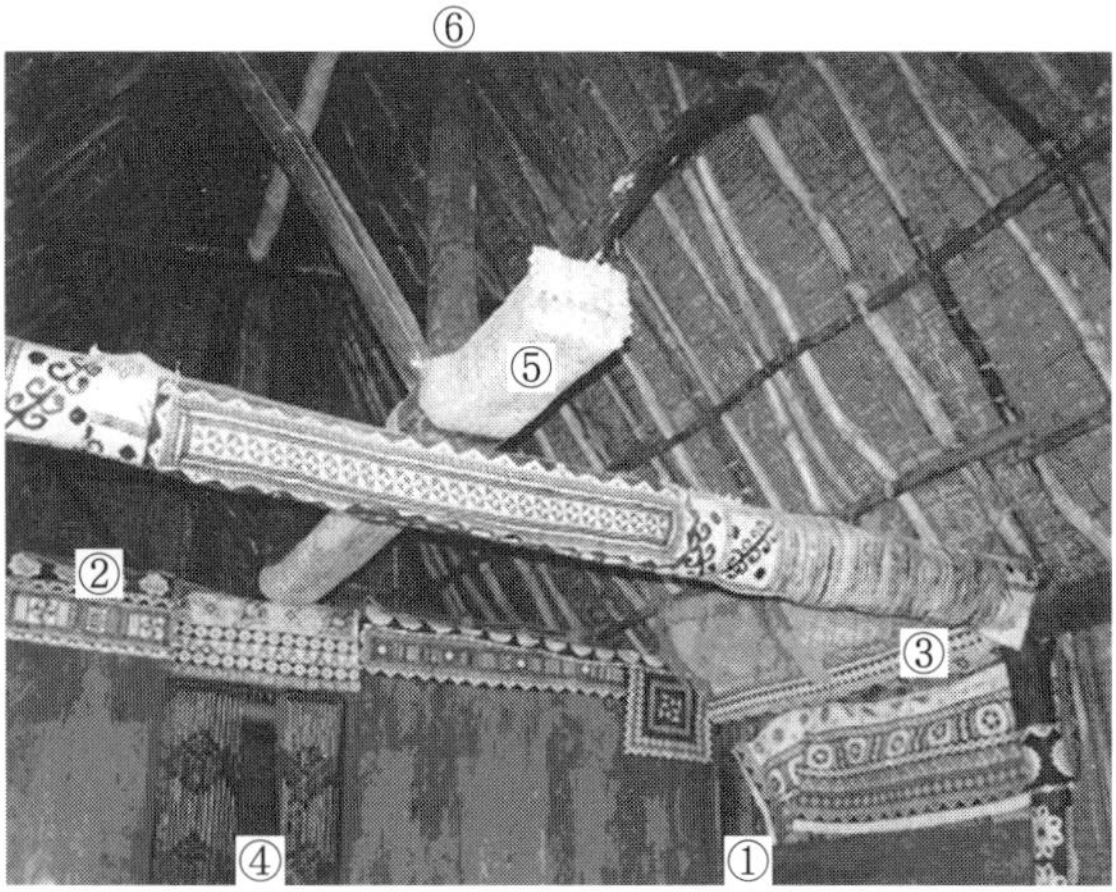

写真４－１　伝統家屋のクンブの柱と聖柱
①　ドゥル（家屋の四隅の柱）　②　クンブ（短い柱）
③　カウタンブ（長い横柱）
④　ボウタ（家屋の両側の入り口の内側にある太い柱）
⑤　背骨の柱
⑥　棟（ドカ）の側。写真４－２の屋根の頂点

写真４－２　伝統家屋
礎石はコンクリートになっていて、内側には電化製品も置かれている。写真は、2000年の軍事クーデターの翌年の９月に実施された国民投票で、支持政党の人民団結党（SDL）の圧勝を喜ぶ住民たち。（バティキ島ヤヴ村）

クンブ（横）という四つの「側」に囲まれることになる。
以上のように、クンブは、家屋の基本的特徴を言い表す言葉と考えられる。なぜなら、クンブの語源は足の「かかと」であり、ちょうど、かかとが身体全体を下から支えているように、家の両側（家屋の両端のツマ）から二人が対面して、かかとで踏ん張り、家屋の内側を支え、祖父母（棟＝ドカ）がその両側を上から支えるイメージと重なるからである。家屋そのものが人体を表すだけでなく、両側から二人が互いに対面し、支え合って均衡を保っている意味を、その屋敷の構成から読み取ることができる。

家屋は現実には立方体であるが、不思議なことに、縦と横、上と下、左と右はあっても、高さや奥行を表す言葉と概念が存在しない。詳細は次章に譲るが、少なくとも、言葉のうえでは、家屋空間は二次元的に認識されていることになる。

写真４－３　非日常口から見た母屋

入り口は鼻を、両側の窓は目を表す。料理・食事小屋は、道路を挟んで左にある。（写真４－４参照）

写真４－４　料理・食事小屋

写真４－５　海辺での女性の仕事

子供や若者も海辺での漁をおこなう。ただし、沖合の漁は男性の仕事である。写真は満潮時のリーフでの網漁。

（3）家屋と食事の座順の両側性

フィジーの「家」は石を平たく積んだ基壇（ヤヴ）の上に建てられ、独自の生活領域を構成する。家は男性のラインで相続されるが、家庭内は女性の領域とみなされる。一般に山側の畑が男の領域（穴と呼ぶ）で、海側の家屋と家庭が女の領域（穴）とされる（写真4－5）。

理念的には、男性はヤム、タピオカ、タロのような根栽植物を栽培する陸の仕事をするが、女性は家で洗濯と料理、あるいは浜辺で魚や貝をとる仕事をおこなう（育児は、理念的には祖母の役割であるが、実際には祖父や母親など、家族が協力して面倒をみている。また、若者や成人男性が釣りに出かけることもある）。

そうした男性側と女性側の両側性の図式は、家屋内空間と食習慣にも表されている。フィジーの大多数の家は、今でもワンルーム・タイプが基本である。その内部空間の基本的プランは変わらないが、それから大きくくずれた、変形タイプも目立ち始めている。

ただし、図4－1に示したように、今でも、一般に母屋の内部空間は、寝室、中心の居間、食事の間の三つの空間に区別される。寝室は壁かカーテンで隔てられ、第三者が立ち入るのはタブーとされる。寝室は天の側（上側）に対応し、通用口に近い食事の部屋が大地の側（下側）とされる。家長夫婦以外の家族のメンバーは、中心の間にベッドを置いたりマットを敷いたりして寝る。ただし、未婚の娘は、家長夫婦と共に「寝室」に寝ることが多い。

現在でも、郡部の住居では、「食事の家」と呼ばれる母屋の下座のスペースに食器棚が置かれ、その横にプロパンガスやコンロが置かれているのを見かける。そこで簡単な料理もできるが、別棟の「料理・食事小屋」で料理したものを、母屋に運ぶことが多い。食事のときには、長方形の大きな布を室内に敷き、その上に料理を並べる（写真4－6）。その座順の原則は、前章で説明したカヴァを飲む座順と同じである。家長やゲストが上座に座り、長方形の布の上に置いた料理を囲んで、地位の高い順に両側に分かれ、対面して座る。女性や若い人は下座になるが、最も下側の座には、食事の準備に責任をもつ一家の主婦が座る。

ちなみに、都市部では、すでに草葺屋根の建物は少なくなったが、その基本的な座とスペースの意味には連続性がある。筆者がスヴァ近郊の新興住宅地で調べたところ、その二階建ての共同住宅では、一階が「居間」と「食事の間」になり、二階が「寝室」として利用されていた。一階を陸

写真4－6　日常の食事風景

子供はふつう下座に座るが、家長の第二ランクの席（食事の席の首に相当）に座ることがある。その座は子供への愛（首）を表す。

と海とすれば、二階はまさに天の方角に相当する（写真4－7）。

　さらに規模の大きい儀礼的な食事の場合には、床に敷いた長方形の布の上座に、首長、キリスト教司祭、ゲスト等の主要なメンバーが座る。そこから、内側に並べられた料理を挟み、地位・年齢・性別の序列に応じて両側に上座から下座へと向かいあって並ぶ。

　最も立派な料理は、上座に置かれる。時には上座から下座へと料理の皿が廻されることもあるが、料理の量が少なすぎたり食べすぎたりすると、下座へ充分に行き渡らないことにもなりかねないので、伝統的には、残った料理を後で食べるのが主婦のたしなみとされた。食事中、家族の人々が繰り返しゲストに、「沢山召し上がれ」（カナ・レヴ）とか、「おいしいか」（カナ・ヴィナカ）とか、「満足したか」（マウマウ）と尋ねる。

　家屋や長方形の布はまた、方形の穴の形を象徴する。方形と四の数に相当するフィジーの言葉のヴァ（*va*）に支え合いの意味もあるように、人間関係も、ちょうどカヴァの器を囲むように、両側ないし四方から共通の「穴」を挟んで向かい合う「かたち」を表していると考えられる。

写真4－7　新興住宅地の建売集合住宅

　柱と柱の間が1世帯。居住者の民族構成は多様であるが、裏庭を見ると、伝統的家屋の母屋の非常口と「食事の間」に相当する部屋（図4－1を参照）が、フィジー人の住宅では、裏庭側に張出して増築してあることが多いので他の民族の居住者と区別できる。離島からの一時的訪問者は、しばしばこの入り口から入る。（コロヴォウ）

オセアニアでは、共通の祖先をもつ子孫が、兄弟（男性）の側の系統と姉妹（女性）の側の系統に分かれる例が多いことは、よく知られている。それは、従来、双方主義（bilateralism）と呼ばれてきたものであるが、その特徴は、棟が家屋の両側の屋根を結ぶように、そして天（上座）の側に家長ないし首長が座り、そのメンバーが両側（陸と海）に並んで対面するように、フィジーの世界は、両側とその統合という空間認識でもって組織化されていると、筆者は考えている。

4．カストムの記憶の始源

（1）頭の中の伝統と生活の伝統

ここでもう一度、アンダーソンの言う、神の始源の力の問題に戻ってみよう。サバール島やウォゲオ島の始源の記憶、及び社会の両側性の問題は、フィジーでも、先の家屋の事例にみたように、社会を二分割ないし四分割する傾向性と関連があると考えられるからである。

かつて、オーストラリアやメラネシアの民族誌的研究では、そのようなシステムは双分組織とか四セクション体系、あるいは婚姻クラスと呼ばれていたが、ウォゲオの事例が示すように、筆者の考えではそれは象徴分類体系という以上に、生活世界に生きる身体の記憶・感覚・生理作用・心的作用や日常経験と、深く関わる問題である。オーストロネシア語系の文化に広く浸透していると想定される「側」ないし「両側」の認識も、そのひとつである。それは、個々人の身体感覚でもって確認できるとともに、歴史的・集合的にも共有される。

つまり、右側と左側、男性と女性のような、オセアニアの二元論的ないし四分割的な世界観や分類体系は、二

写真4－8　ヤムの種芋

陸の菜園での仕事は男性がおこなう。ヤム芋は儀礼的に最も重要な作物。種芋は長期間保存される。大きな種芋は、写真のように上から頭・腹・足に分けられるが、「腹」は、さらに上と下の両側に分けられ、それがさらに、それぞれ二分される。それぞれが植えつけるときの種芋になる。切り方は、身体・氏族・村・島の区分の仕方と共通性がある。（詳細は河合利光 1995参照）

項対立的な記号論的体系というよりは、思考・感情・バランス感覚などに深く根差す認識である。具体的にはそれは、先に検討したチュークのネーウォ（根元）とアーレニ（慣習・表象）、サバール島のヌウォ（根元）とカストム（慣習）、ウォゲオ島の記憶の始源に対する現在のカストム（シンガラ・ナナンガ・モア）と景観のような、それぞれの始源とその表象との関係に示される。

同様に、伝統や慣習に相当するフィジー語のトヴォには、頭（脳）の中のトヴォと社会文化的に表象され遵守される慣習や行動のトヴォ（生活のトヴォ）がある。しかも、前者の身体に記憶されたトヴォは、イメージのトヴォ（*bulitovo* トヴォの形）となり、個々人がそれを計画・実践して体現する（その表象を生活のトヴォ *tovo ni bula* と呼ぶ）。したがって、個人の個性や人格もトヴォである。脳のトヴォは、いわば身体化されたトヴォを体現するための基礎と考えられている。逆に、脳から表象された生活のトヴォは、逆に学習や経験を通して身体化（embody）され、脳のトヴォになるとみなされている。

以上は、フィジーとその周辺の諸事例から筆者が帰納的に整理した図式であるが、ここから心身と社会文化は、対立的というよりは、相互的・連続的に認識されていることが分かる。

筆者のインフォーマントは、「トヴォは自身の心の内（ロマ）にある」と述べた。身体は、頭側と腹側の両側に二分割されるが、頭・腹・足のように三等分されることもあるし、さらに腹を二分して上腹（胸）と下腹に分け、全体を四分割することもある（写真4－8参照）。その際、そこに、島や地域の空間分類と同じパターンを見ることができる。

彼らの身体のカテゴリー分類を調べてみると、そのカテゴリーは身体器官の各機能に対応していることがわかる。まず、個人の思考は頭でおこない、脳がその座である。また感情は上腹（胸）に宿る。胸には霊が宿るが、上腹と霊が協力して脳に指令を出す[19]。それは、脳・腹・霊の協力関係と考えられている。そうして「腹が決まる」と、その情報を受けた脳は、その決定を行動に移すよう、身体全体に命令を下す。腹の感情と脳の思考は葛藤することもあると考えられている。記憶と思考の源（*vu*）である脳（頭）の記憶ないしイメージは、行動として実践され「かたち」として表象される。

（2）キリスト教の伝統化

西洋からフィジーに導入されたキリスト教も、こうしたフィジー人の身体観や生命観との相互作用において理解されなければならない。

ほとんどの先住フィジー人は、一八三五年にキリスト教が導入されて以後、熱心なキリスト教徒になった。通常の初等・中等・高等教育のシステムと平行して組織されたキリスト教の牧師養成課程も整備され、すでに定着して独自のキリスト教神学も形成されつつある。その結果、伝統的な宗教観も大きく変化した。

それではなぜ、彼らは伝統的神を捨てて、キリスト教を自らの神に置き換えることができたのだろうか。また、「神によりつくられた伝統」であるトヴォは、外国から導入されたキリスト教と、どのような関係にあるのだろうか。

その理由の詳細は最終章に譲るが、ここでふれておく必要があるのは、キリスト教の聖書そのものが、先住フィジー人固有の認識枠組みで捉えられていることである。つまり、フィジー人のキリスト教神学では、キリスト教の聖書をそのまま導入したのではなく、かなり意図的にフィジー人の身体観や経験性に合うように、固有の解釈が加えられた。

筆者の親しい、ある高位のメソジスト派の先住フィジー人牧師は、フィジー人がキリスト教に転向した理由を、次のように説明した。

始めに神があった。すべてのトヴォはその神により創造された。しかし、キリスト教の神が体内の伝統的な神を追い払い、キリスト教の霊と取り替えて光明をもたらした。キリスト教の神がその新しい霊に指示してフィジー人の脳を変え、聖書がフィジー人の霊を入れ替えた。

腹（特に胸）はヴァヌア（地域）の文化・行動・慣習を蓄える場所なので、大切にしなければならない。食物の入る下腹は、食べたり飲んだりすることできれいになる。しかし、暴飲暴食は神の住む家を壊す行為であるから慎まなければならない。腹を大事にすることは、心をきれいにすることと同じだ。だから信者は、腹を毎日、きれいにしなければならない。

キリスト教の牧師の語るこのような身体観は、内側（ロマ）をもつすべてのものに生命が宿るという伝統的認識と一致している。先に述べた身体も家も氏族も居住地（ヴァヌア）も島も、人間や食物や動植物の入る、ある種の容器と考えられてきた。同様に、上腹も下腹も霊の宿る器としての「家」であり、天の中心の「神の家」に住む始源の神によってコントロールされている。天の家は個人の霊の住む体内の「霊の家」とつながっており、神が個々人の記憶・情動・思考の座である脳と心臓の働きとを統制する。同様にキリスト教化されても、教会に集まって神に祈る行為も、人々の霊（*yalo*）が教会という場で一つに合わさり、その人々の祈りが天の中心の神に届く機会とみなされる。逆に「神の家」に住む天の神は、個人の霊に指示を与えると信じられている。

先にふれたように、体内（脳）のトヴォも社会的に共有される生活のトヴォも、個人的であると同時に集団的でもある。心身のトヴォは社会文化的に体現され、社会文化と神は個々人に身体化される。身体と社会文化をつなぎ、神と人、人と人との間を結ぶのが、霊やマナに関する信念である。

先の牧師の言葉からも明確なように、伝統的宗教の霊はキリスト教の霊に置き換えられた。しかし、神と人間、人間と人間のつながりの思考そのものに、大きな転換があったわけではなかった。キリスト教になり、天の「神の家」と個々人の体内の「霊の家」の宿主は入れ替わっても、体内のトヴォと生活のトヴォを統制する始源の神の存在そのものに変更が加えられたわけではなかった。キリスト教化されても、個々人の霊と心は、人と人を結ぶ媒体であるだけではなく、キリスト教会という地域の「家」を通して、人と神とを結ぶ媒体であり続けたのである。

5．両側性とサードネス

（1）セクションモデルから生命循環モデルへ

先述のように、一つの島は、全体が両側に分割されることもあれば、その両側のそれぞれがさらに二分されて四つの地域に分けられることもある。これと同様の図式は身体のカテゴリー分類にもあるし、天・海・陸の構成にも認められる（陸をさらに二分すれば四対関係にもなる）。

そのように複雑な分類原理は、オセアニアではよくみられる。すでに述べたように、それはかつて、オセアニアの研究家がセクション体系とかクラス体系と呼んだものである。ヴァヌアツのアンブリム島の社会について、現象学的視点から現地の社会生活における「側」の認識を描き出したリオは、かつてのセクションの婚姻交換モデルを次のように再考している。詳細を記すのは困難なので、著者のリオが、両側を媒介する第三者（サードネス）の認識の重要性を説明するための一例として記述した、砂絵に関する神話を取り上げて解説したい。

砂絵は、物語を一つの絵でもって儀礼的に描くものであるが、それが終わると消されるのがふつうである。以下は、そのうちのひとつの物語の要約である（図4－3参照）。

一人の男が、菜園にいる別の男を探しにやってきた。男はそこにいなかったが、その妻がいたので性交した。その最中に、その妻の夫が来てそれを目撃したが、黙って家に帰った。その浮気男が菜園から戻ってきて通り過ぎようとしたとき、先に家に戻っていた浮気妻の夫が呼び止めて、菜園の仕事を手伝うように頼んだ。浮気男は、その菜園のヤム芋を掘り出すために穴を掘り続け、ようやく完成した。そのとき、浮気妻の夫が穴の中にいる浮気男を棍棒で殴って殺し、その死体の上にバナナの木を投げつけた。家に戻ると、その男は、妻を捕まえて菜園に引きずっていき、穴を見せた。夫は死人のペニスを切り取り、それを食べるよう妻に差し出した。妻はそれを、歌いながら食べた[20]。

リオによると、その砂絵は、物語全体の多岐にわたるイメージを凝縮させている。砂絵は左右の両側が対称的でありながら、全体として螺旋状に中心方向に向かう。それは、角度を変えて眺めると、人間の顔、性交、男女の性器、成長するバナナの木、ヤム芋のようでもある。二つの円は、妻を奪われ、妻に裏切られたときの夫の目のようにも見える。

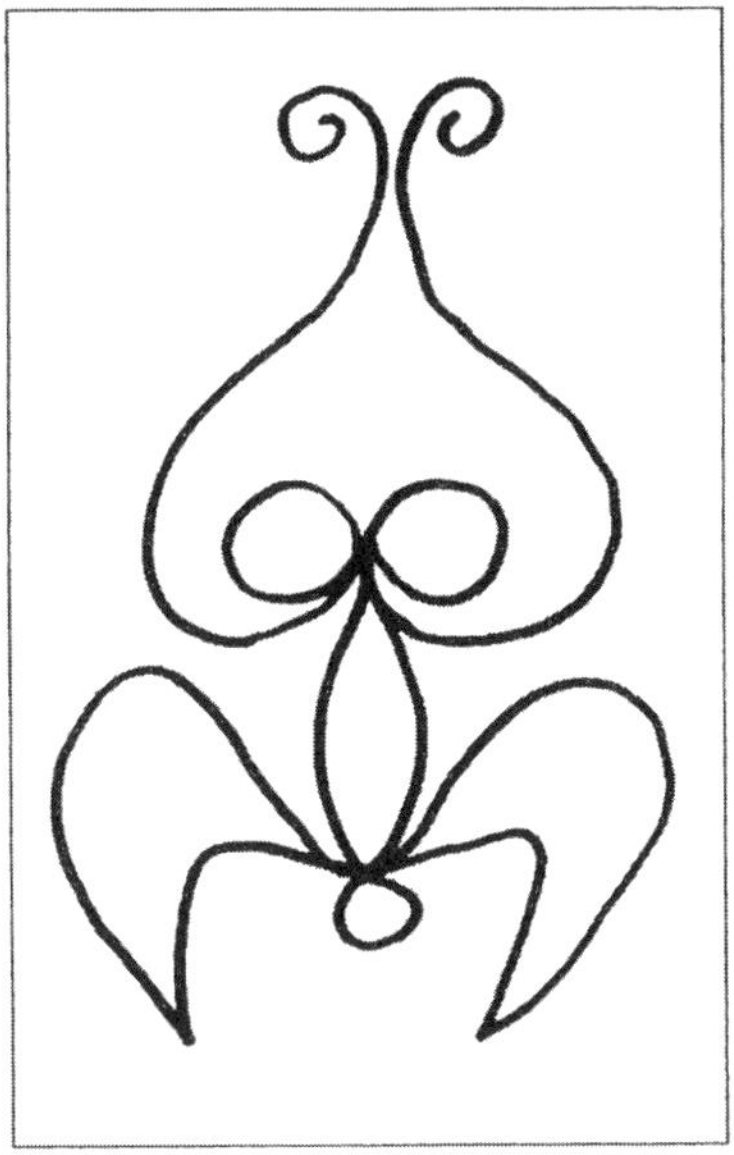

図4－3　ヴァヌアツの砂絵
テングウェリエ
Rio（2007：52）より転載。

この砂絵は典型とはいえず、絵の相互のデザインの間に論理的なつながりはない。しかし、リオは、ストーリー全体についての砂絵の制作者の意図と内容を、個別のストーリーの要素を超えた次元で、一つの統合的なパターンとして提示していると解説している。さらにリオはまた、その一時的・儀礼的に描かれる砂絵は、多数に分岐した集団（例えば六つのクラス）を、ラインを交叉させて描くことで一つに統合しているとも考えている。リオは、アンブリムでは「世界のすべてのものが、潜在的には一つにまとめられる」と述べたインフォーマントの言葉を、その根拠の一つに挙げている。[21]

アンブリムの婚姻クラス体系は、かつては婿側と花嫁側、妻を与える側と貰う側といった構造主義的な互酬的交換と二項対立の図式でもって分析された。しかし、リオは、そのいずれも、砂絵に示されるように、両側を媒介する第三者により統合され、中心に向かって螺旋状に生命力が循環して一つに統合される、両側の媒介性の問題と考えた。同様に、アンブリムのクラス（ないしセクション）体系の「二項対立の背後にあるもの」を、両側（ないし複数の側）に差異化されたものを一つに統合する媒介の認識（サードネス）の問題であると論じた。ここから、リオは、アンブリムの民族誌研究における現象学的パラダイムの必要性を説いた。

リオは、ディーコン等の初期のイギリスの人類学者が、かつて六セクション体系と呼んだアンブリム島の親族研究について、[22]それは「その後のオーストラリア、メラネシア、インドの婚姻クラス体系の研究の標準モデルとなったものだが、植民地時代のオリエンタリズム的視点から人類学者が作り上げた図式を現地文化に押し付けて得た結果であり、アンブリムの現実からかけ離れた、表面的で底の浅い現地文化の翻訳に過ぎない」と論じた。[23]

アンブリムに関してリオが示したサードネスの統合的パターンの認識の存在は、フィジーにも通じる見方である。[24]フィジーにも、全体が複数の「側」（上述の陸と海のような）に差異化され、逆にそれが一つに統合される第三の力（例えば天のような）が、つねに存在する。フィジー人のインフォーマントの一人もまた、「すべてが一に行き着く」と筆者に語った。

（2）全体を統合する始源の力

両側を結ぶ第三の力の意味は、先に記したフィジー人の伝統的屋敷空間の構成に、よく示されている。そこには母屋、料理・食事小屋、便所の順に、三つの家屋が、村の中央広場から外側に向って並んでいる（図4－1参照）。筆者は、現地で、家屋配置と家族構成との対応関係に関するいくつかの理念的パターンを聞き書きした。そのすべてをここに記すことはできないので、以下では、典型的なものをいくつか取り上げるに留める。

まず、先に示した図4－1の例で説明する。家族構成は三世代同居型の直系家族を理念とする。住民の説明によると、屋敷には、母屋、料理・食事小屋、便所の三つの建物が並ぶが、一家の「頭」である祖父母が母屋に、父母が料理・食事小屋に、上の世代の仕事を助ける子供が便所に対応している。それは祖父母の思考とリーダーシップ（頭）、父母の食物を得る労働と生殖・養育（腹）、子供の家族内での下働き（足）という、家族内の社会的役割を示している。家族の三世代の関係は垂直的な上下関係ではあるが、どの世代も助け合いの関係にあるとされ、どれが欠けても一つの「家」は完全でないと考えられている。屋敷の構成が、心と生命の循環や天・陸・海の生命循環と、意味的に対応していることは明らかである。要するに、人間関係と役割（家族）、家屋（物質）、天・陸・海（自然）が、エコソフィー的に（第2章参照）一つの統合的秩序として認識され、組織化されているわけである。

先に引用したリオの報告するアンブリム島の砂絵の神話との関連で興味深いのは、図4－2に示した、祖母を中心とする家族内の家事労働と家屋配置との対応関係である。その図式では、祖父を母屋に、母を料理小屋に、父を食事小屋に対応させている。ここで注目されるのは、屋敷内の三つの家屋に関する祖父の位置である（この場合は便所が抜けて、料理小屋と食事小屋が独立の小屋とみなされる）。祖父はその三つの家屋のいずれでも、四隅の支え（一家の四隅の柱）になっている。実際、祖父に当たるフィジー語のトゥトゥ（*tutu*）には、「隅」と「支え」の意味もある。つまり、家長である祖父が屋敷内の各家屋の四隅、及び三つの家屋の全体を支えて、籠の紐を上から持って吊り下げるように、その家族全員を一まとめにする意味を、その図は表している。祖父は一家の基礎（支え）であり、リオの言うサードネスと言えるだろう。

ちなみに、全体を上から支えて一つにまとめるサードネスの図式は、氏族、村、島、州、国家、世界まで、社会文化を貫き、全てに適用できる見方と考えられる。例えば、父系氏族はマタンガリと呼ばれるが、ガリ（*gali*）は、メンバー（*mata*）を束ねる意味である。ちょうど島や州が側（ヤサナ）とよばれるように、人の住む世界はすべて両「側」で囲まれており、それぞれの社会的レベルで、それぞれの長（例えば氏族長、村の首長、あるいは神）がそれぞれのメンバーを束ねるとみなされている。それゆえ、両側（ないし複数の側）を上から束ねて統合する各社会的レベルの第三者（サードネス）が、各集団レベルの「力の源」（長）となる。

6．カストムを問い直す

本章では、ポストコロニアル研究のカストム論を若干、回顧するとともに、経験的・感覚的に確認できる両側からの対面関係、愛・心・生命の交流を通した支え合い、及びその複数の「側」を上から一つに統合する始源の生命力と第三の力（サードネス）の認識の存在を明らかにした。最後に、その両側性とサードネスが、冒頭で述べたカストムとその神話的始源の認識と、どのような関わりがあるかについて考察することで、本章を終えることにしたい。

まず、先に明らかにしたように、フィジーの「脳（頭）のトヴォ」は、チューク環礁のネーウォ、サバール島のヌウォ、ウォゲオ島の記憶の始源、及びアンブリム島のサードネスと、明らかな共通性がある。それらのいずれも、伝統的慣習（メラネシアでカストムと呼ばれるもの）の記憶と神話的始源のルーツになっている。言い換えれば、いずれの社会でも、それは、認識の基礎・出発点であるだけでなく、時には神話時代の始源の神にたどる伝統と慣習の源として語られる。また、いずれの社会でも、自らの伝統の基礎とルーツを神話時代の始源の神に求めることで、彼らの「本物の伝統」（先にカストムと呼んだもの）を、近代化とグローバル化の過程で導入されてきた外国の（偽物の）文化から区別している。

それは、彼らの伝統意識が、ポストモダニズム的状況と必ずしも矛盾しないことを示している。外部の人の目には、近代化・西洋化が進み、伝統が消滅したように見えたとしても、当の民族文化を担う人々自身は、グローバル化の状況の中で、その新たな変化を自らの伝統と区別するとともに、経験的信念に従って新たな生活世界を再解釈し調整することで適応してきた。自己・記憶（脳）・身体感覚、及びそれを取り巻く経験世界との動態的プロセスをフィールドワークの手法で脱構築し、実証主義的研究を再評価することが、今後、さらに求められるだろう。

注

（1）メラネシアのカストム論の詳細については、吉岡政徳（二〇〇五）、白川千尋（二〇〇五）他参照。なお、オセアニアの近代化や歴史性、ポストコロニアル、グローカルに関わる議論は無数にあるので、日本語の論集をいくつか挙げるにとどめる（春日直樹編 一九九九、須藤健一編 二〇一二等）。楽園イメージの創造論も、こうした議論の流れの一つと考えることができる（山中速人 一九九二他参照）。

（2）河合利光 二〇〇一a、三四頁。同書は学位論文（一九九九年二月、東京都立大学）を基に書かれたものである。同書で、筆者は、チュークの文化を「日常生活の中に生きる人々が自己を取り巻く世界を感じたり、行動したり、理解したりする経験世界」（二〇〇一、三七二頁）と記したことがある。

（3）レイコフ、G.／M.ジョンソン 一九八六（原典一九八〇年）。M.ジョンソン 一九九一。

（4）Csordas, Thomas 1994a 1994b, 1999, 2002. なお、ソーダスの文化現象学的理論は、メラネシアの民族誌的研究にも影響を与えている。本書第5章の注（16）を参照されたい。

（5）Cconnerton, Paul 1989. pp.2-3. Cf. M.H.Ross 2009. p.12.

（6）Battaglia, Deborra 1990. pp.55.

（7）Battaglia, Deborra 1990. p.37, 50-54, 122, 188.

（8）河合利光 二〇〇一a、二四七〜二四八頁。イタン（*itang*）は伝承的知識をもつ高位の専門家のことで、その知識そのものもイタンと呼ばれる。大きく二つの流派に分かれていた。学習の到達度により九つの位階に分かれるが、イタンはその最高位の称号である。航海術・戦争・紛争の調停・土地所有・神話伝承・儀礼的知識などの秘儀的な知識を含み、特定の集会所で志願者を集め、系統的に教えられた。

（9）筆者は、チュークの社会文化的構成が、植物の生命循環過程に関する住民の経験的理解と深い関連があると論じたことがある。例えば、世界を箱の形象で理解する認識は、箱の中心点を植物の根元のような生命の源と捉えるイメージに連なる。世界（箱の形）の中心点こそ、母系氏族の始祖であり、祖先の発祥地であり、天の神の力のルーツ（根源・ルーツ）である。その中心は、植物の根元や母胎、あるいは石（山頂の岩や他界の石のような）で表される（詳細は同書の他、河合利光 一九九一、一九九八、他を参照されたい）。この視点は、メラネシアの神々や祖先の始源の記憶の問題にも連続性があると筆者は考えている。

（10）Anderson, Strid 2011.

（11）Anderson, Strid 2011. p.57.

（12）Anderson, Strid 2011. pp.31-33.

（13）Anderson, Strid 2011. pp.152.

（14）Tuivaga, Jessie 1988. p.20.

（15）家社会に関する日本人研究者による最近の研究については、小池誠（二〇一二）、信田敏宏・小池誠（二〇一三）等を参照されたい。

（16）嫁に相当する言葉は「新しい人」（*lewe ni vuvale vou*）である。逆に、婿に相当する言葉は「新しい男」（*tagane vou*）である。特に都市部では、都合に応じて妻方居住に変更されることも多い。例えば、かつては母方オジとの心理的・経済的関係は重要であったが、貨幣経済が浸透し、売買取引が一般化した結果、相互扶助的人間関係は、以前よりも希薄化した。「相互の助け合いは口先だけのものになり、心が失われつつある」と多くの人は感じている。「マネーが人間関係を破壊しつつある」と言う人もいる。

（17）Roth, G.K 1953. p.9.

（18）Roth, G.K pp.10-11.

（19）思考（*vakasama*）、脳（*mona*）、霊（*yalo*）、イメージ（*bulitowo*）のような民俗生理学的概念と機能は、現在のキリスト教宣教師にも受け継がれている。ただし、牧師は胸（*loma*）にある心の座を心臓と述べたが、筆者がかつて古老から聞いた話から推測すると、かつては肝臓とされていた形跡がある。

（20）Rio, Knut Mikjel 2007. p.52.

（21）Rio, Knut Mikjel 2007. pp.52-53.

（22）Deacon, Bernard 1927. 他。

（23）Rio, Knut Mikjel 2007. p.27.
（24）同様の認識について、筆者はすでに、フィジーについて論じたことがある。河合利光 二〇〇九b、第九章「首長の束ねる力─社会文化の基礎」二五三〜二七六頁、参照。

第5章 男女の織りなす二次元世界

ホテルのカウンターのデザイン。伝統的な樹皮布が図案化されている。(Photo, 新川緑 ナンディ)

写真５－１　みやげ物店の並ぶマーケットの一画で売られる民芸品（スヴァ）

1．土地の道とマネーの道

南太平洋のみやげ物の店に行くと、伝統的デザインのほどこされているバッグとか、地域の神話・伝説上の英雄や妖怪の彫像などを見かけることがある。必ずしも実際に使われていたものと同じとは限らないし、新たなアートの技法を取り入れて観光客向けに作られているものもある。さらには、近代的ホテルのカウンターや壁面に図案化されて描かれていることもある（写真５－２参照）。しかし、現地の人々が、それにどのような思いを込めているのかについて、詮索することは少ないだろう。

現地に滞在して、そこで使用されている織物や編物、あるいはその他の日常用品についての意味や歴史伝承への知識が深まると、町で見かけるみやげ物や図案にも、現地の人々の無言の思いが伝わってくることが、しばしばある。それぞれの地域の生活世界において生きてきたモノは、とりわけ地域の特徴を他者に対してアピールする必要のある観光地などでは、単なる商業主義を超えて、地域社会に長年伝えられてきた伝統を、何らかの形で伝える必要もあると考えられる。

かつて、観光人類学ではそのみやげ物の真正性をめぐる議論があったし、オセアニアの研究でも、例えば、フィジー研究家でもあるトーマスは、ポストコロニアル的状況の中で、日常品としての物財やその貸借のような伝統的行動が、太平洋地域の植民地化の過程で脱脈絡化され、客体化されて、新たな伝統として創造されたとする重要な問題提起をおこなった[1]。

トーマスには、伝統は近代化と矛盾するという前提があったようだ。実際、トーマスは、フィジー人の言葉を借りて、その両者の関係を（互いに緊張関係にあるかに見える）「二つの道（土地の道とマネーの道）のジレンマ」[2]

写真5－2　ホテルのフロントに描かれたデザイン
（本章扉ページも参照）

床のデザインは、本文で述べた筆者の両側ないし四つの側の「中心化」のイメージに近い。四方（の側）から螺旋的に巡回し、中心点に統合される（逆に、一つに統合された中心点は両側に分岐しながら差異化される）。フロントのカウンターには、樹皮布によく見られるデザインが描かれている。（Photo，徳増貞子　シンガトカ）

と呼んだ。「土地の道」とは、カヴァに代表されるような伝統的慣習と人間関係を重視する先住フィジー人のライフスタイルのことで、「マネーの道」とは西洋的・資本主義的なビジネス志向の行動様式のことである。タンブア（鯨歯の儀礼的交換財）やパンダヌスマットなどの物質文化が植民地化の過程で変化し、新たな伝統として再創造され、それが西洋化に対抗する手段として政治化されたとする見方は、確かに重要な問題提起であった。しかし、トーマスが述べたフィジー人流と西洋人流という「二つの道」の間のジレンマが、実際にはどのようなものであったかについては、充分に論じられたわけではない。先住フィジー人はトーマスに、本当は何を伝えたかったのだろうか。

以下では、彼らの日常の生活世界で使われてきた日常品（パンダヌスマット、樹皮布、家屋のような物質文化）の存在論的意味を探ることから、その「ジレンマ」の意味を考えてみたい。

2. マット編みの経験と体現

（1）協力単位の両側性

まず、フィジー人のパンダヌスマットから検討してみよう。マット編みは、伝統的には女性の仕事とされ、その工程が外界の影響を大きく受けることは少なかったと考えられるからである。今でも、先住フィジー人の村に一歩入ると、そのような日常の光景を目にする。地域ごとに特有のデザインのマットがあり、その編み方にも違いがある。娘は母方の女性親族からその編み方を学ぶが、結婚後は夫方の女性親族（特に夫の母親）から改めてその固有の編み方を学ぶ。それを知らないのは、女の恥とされている。

マットは一人で編むこともあるが、協同ですることも多い。その作業は民家や公共の集会所であるが、その作業場は女性の領域とされ、理念的には男子禁制である。つまり、女性が男性の領域である特定の政治集会やヤム芋畑に入るのを禁じられているのと同様、そこは女性だけの「穴」(場)とされる。

女性の仕事場が男子禁制であることは知っていたが、そばを通りかかる度に、作業がおこなわれている家の内側から「いらっしゃい」(ラコマイ!)と誘われるのが常であり、立ち寄って談笑したり、からかわれたりしながらインタヴューすることが多かったので、それが、特別なことには思えなかった。

写真5－3　マット編みの協同作業
（バティキ島ヤヴ村）

ある日、筆者は、滞在していたバティキ島の家の近くで、女性たちが仮小屋を建ててマット編みの協同作業をしていることに気づいた。それで、良い写真が撮れるかもしれないという期待もあり、いつも協力してくれていた現地の若者(当時)に、カメラを渡して撮影を依頼した。

彼は、まもなく引き返してきて、「オレ(*ore*)の罰則を受けた」と筆者に告げた。オレとは、男子禁制の場に、男性が入ったときに受ける罰則のことである。その際、その場にいる女性たちが「オレ、オレ、オレ!」と唱和しながら、両手を合わせて一斉に三回、拍手すると、その禁を侵した者が、罰則と

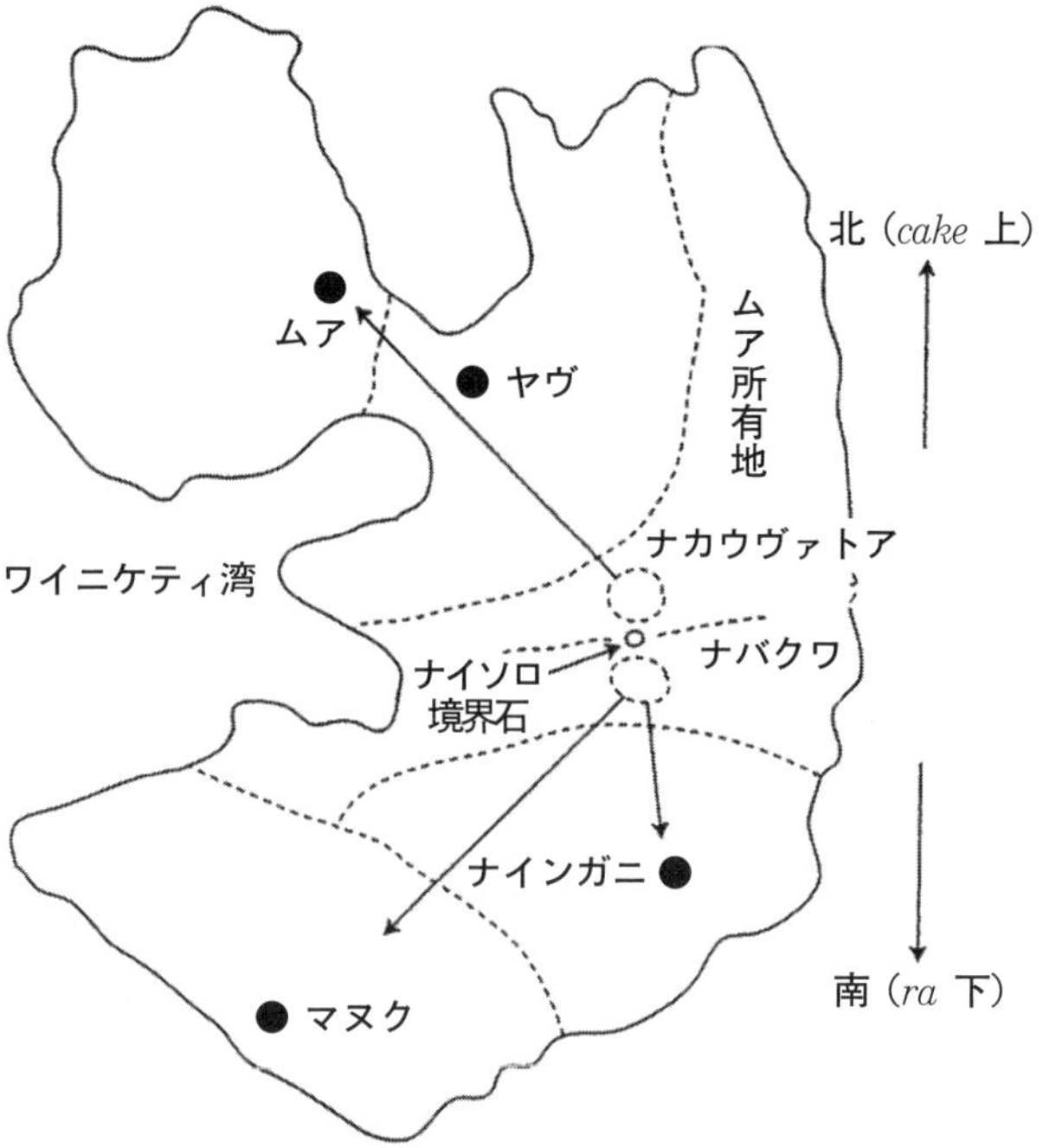

図５－１　バティキ島の地名と始祖の移住経路
河合（2009：49）より修正のうえ転載。

して、タバコ、カヴァ、菓子などの品をその女性たちに与えなければならない。筆者が女性の仕事場に入っても罰則を受けなかったのは、外国人であるため大目に見られていたことを、そのとき悟った。

結局、筆者がその若者の代わりに罰則の品を提供する羽目になったが、女性たちは大喜びで、その日はマット編みの協同作業は中止され、夜中までカヴァの宴となった。

（2）地域間の協同作業

マット編みは、個人でも、同じ氏族同士でも村総出でも、そして時には島全体でもおこなうが、ここで特に注目したいのは、マット編みの協同作業の社会文化的意味である。

前章で検討したソロモン諸島、ヴァヌアツ、ウォゲオ島と同様、フィジーでも、地域ないし島全体が原則として四つに区分される。フィジー語の四の数字（ヴァ）に協同・完成・完全・支えの意味があるが、完成すると一つになる。つまり、四は一に統合されると考えられている。マット編みの協同関係にも、同様の認識がある。

例えば、バティキ島には四つの村があるが、それが大きく両側の二つのグループに分かれている（図5―1参照、この島では四つの村がそれぞれ独立のヴァヌアであるが、以下では村と記す）。

伝承によると、この島に住んだ最初の祖先は、ヴィティレヴ島の東側にあるタイレヴ州のナマラを発祥地とし、そこからバウ島（バウ王国の中心地）を経てバティキ島に移住した。その島の始祖であるツイヴァトアは、島の中央の山中に住んだ。[3] その後、カイバティキと呼ばれる一族が、同じタイレヴ州のナマラを経てバティキ島に移住し、先に住んでいた山中のツイヴァトア一族の隣に住んだ。そのため双方の間に紛争が起こり、その結果、ツイヴァトアが負けて、島の北側にある現在のムア村に移動した。勝ったカイバティキの一族は南側に移動し、マヌク村とナインガニ村に分かれて住んだ。その後、現在のヤヴ村の祖先が、タイレヴ州からコロ島へ移住する途中で嵐に会ったため親戚のムア村を頼ってバティキ島に身を寄せ、そのまま定住したので、島に現在の四つの村ができた。[4]

ここで、北側のムアと南側のマヌク／ナインガニは、戦争の結果、移動して分かれたと伝えられるが、そのいずれの村も、始祖をたどれば同じタイレヴ州のナマラの出身であることに注目したい。つまり、北側の始祖と南側の始祖は、その祖先のルーツ（根）を、共にタイレヴ州のナマラにたどる。いずれの側も郷土と祖先を共通にする子孫である。したがって、バティキ島の四つの村は、一つの出身地に収斂されることになる。[4]

その移住による北側と南側の分離と統合のプロセスの伝承は、明らかに、地域間のマット編みの協同作業と協力関係の原則と一致している。マット編みは、四つの村間の持ち回りで、北側の両村と南側の両村がそれぞれ別個に協同作業することもあれば、その北と南の両側が合同でおこなうこともある。食事の世話は、当番の村の責任である。一日の作業の過程は、マット編み→共食→マット編み→共食の順序で進む。マットの大きさによっても異なるが、これが数日間に渡って繰り返されることもある。完成すると、女性たちは手を叩いて歌い、喜びを表す。夜になると、女性たちの食事とカヴァの宴会となる。

その地域間の差異化と統合のプロセスは、マット編みに限らず社会文化のあらゆる側面に認められる。例えば、外国から新たにフィジーに導入されたスポーツ（男性のラグビー、女性のネットボールなど）でも、各村にチームがあり、他村との対抗試合もあるが、定期的に北側のムア村とヤヴ村、南側のマヌク村とナインガニ村が、それぞれ対抗試合をする。さらに、三ヶ月に一度、北側の二つの村の合同チームと南側の二つの村の合同チームが、対抗試合をする。その開催地は持ち回りで、試合が終了すると、教会で合同礼拝をしてから、食事と合唱、及びカヴァの宴会になる。

島全体でマット編みをおこなう機会としては、その他にも、島全体でPTAが小学校にマットを寄贈するような場合がある。小学校は、島の中心地のムア村にあるが、そのマットの調達は、島全体の義務である。低学年のクラスでは、机を使わず床に敷いたマットの上に座って勉強するので、そのマットを北側（ムアとヤヴ）が一枚、南側（マヌクとナインガニ）が一枚、それぞれ協力して編み、完成した二枚のマットを一まとめにして小学校に寄贈する。その後、カヴァと食事の宴会となる。

3．両側の統合と中心化

それでは、今まで見てきたような、四つの側ないし両側に分かれた地域が統合される理由を、どのように考えたらよいのだろうか。

ここで、前章で紹介したヴァヌアツのアンブリム島の民族誌で、リオがサードネスと呼んだ媒介的認識が、その他のメラネシア諸社会にも存在することに注目したい[5]。

リオは、ヴァヌアツの集団の分割システムを、循環婚、豚の交換、ヤムの栽培、砂絵の表現形態などの分析を通して、「螺旋的」な生命力の流れから論じた。先に述べたように、フィジーの地域間の協力単位もまた、全体が両側に分かれ、さらに各々の側が二分されるが、そのような地域単位の二分割ないし四分割は、逆に分割された地域単位の統合化と表裏の関係にある。その四つの村は、いずれも出自をタイレヴ州のナマラにたどる。繰り返して言えば、バティキ島の四つの村は大きく北側と南側に二分されるが、さらにそれぞれの側は両側に分かれる。逆に、北側の二つの村が一つにまとまり、南側の二つの村が一つにまとまって、さらにその両側が合わさると、一つの島に統合される。それを、複数の側が中心点に収斂される過程と言い換えてもよい。その両側への分割と統合の過程は、リオがサードネスと呼んだ螺旋的な生命力の移動や中心化の過程と、基本的に同じとみることができる。

フィジーについては、モアラ島を調査したサーリンズが、かってそれを、半族体系（moiety system）のイデオロギーの残存と考えたことがある[6]。それに対して筆者は、前章でも論じたが、それを、棟が家屋の両側を支え、籠の取手が両側を支えて全体をまとめるような、両側性、ないしその倍数である四方の「側」の始源的認識の一部と考える。

これは、ヴァヌアツだけでなく、アンダーソンが報告したウォゲオ島にも、明確に認められる論理である[7]。

もう少し補足してみよう。フィジーに導入された外来のキリスト教会の地域間の関係に、マット編みの協力関係のパターンとの共通性を見てとることができる。バティキ島のキリスト教会（メソジスト派）は島の四つの各村に置かれており、それぞれの教会に集まって神に祈るのが、住民たちの日常生活の一部となっている。彼らの暮らしは、村の中央広場の片隅に建てられている教会を中心に回っているといって、言い過ぎではない。

さらに、北側の二つの村と南側の二つの村は、それぞれ定期的に合同礼拝をするが、北側と南側が定期的に合同礼拝をすることもある。この合同礼拝の開催場所も持ち回りで、担当の村が食事の準備をする。その終了後には、合唱と食事、及びカヴァの宴会となる。

合同礼拝が、共食、カヴァの共飲、合唱の機会ともなっており、明らかにそれが、島全体に生命力（食物・飲料・声など）を循環させ、人と人、心と心、地域と地域を結びつけ、団結させる機会にもなっている。主催する教会の開催地が交替することで、一方の村から他方の村へ、さらには両側から島全体へと範囲が（螺旋的に）拡大されて、人々の心が一つに統合される。事実、そうした行為を、彼らは生命の循環（ワヴォキ）と呼んでいる。その島全体を第三者的立場から（籠の取手のように）まとめて一つに統合するのは、筆者の推測ではあるが、島の大首長、牧師、あるいは共通の郷土の祖先、あるいは祖先を通してつながる天の中心の神と考えてよいだろう。だとすると、フィジーでは、その天の中心の神こそ、リオの言う両側（ないし四方）を媒介する究極のサードネスということになる。

複数の「側」を一つに統合していく中心化は、すでにフィジーの国民的行事ともなっているハイビスカス祭についてもいえるだろう。この祭は、一年に一度、九月にスヴァで開催される。その期間、テレビ、新聞などを通して大々的に報道され、さまざまなイベントが催され、アジア諸国をはじめとする世界各国の文化も紹介される。

筆者の滞在中にも、この期間、大勢の人々がボートでスヴァに出かけた。バティキ島では、その費用を捻出するために、早くから各村、さらには島全体でマット編みをおこなっていた。それはスヴァのマーケットに運ばれて売られるが、その際、大型船がスヴァから出発して、ガウ島、バティキ島、ワカヤ島、オヴァラウ島などの中部諸島の島々を巡回して集め、それをスヴァの港で荷揚げする。その巡回と中心化のプロセスも、生命の循環（ワヴォキ）と呼ばれる。その祭では、人もモノも全国各地から循環して、スヴァという一点に集中化するかのようである。多は一に収斂されるわけである。

こうしてみると、外国から導入されたキリスト教、スポーツ、学校、ハイビスカス祭などの新たな制度や文化も、見方によっては、複数の「側」の統合と始源的力に向かう「中心化」の認識に従って組織化されてきた、フィジー、さらにはメラネシアに特徴的な文化ともいえる。

4．二次元空間を編む

(1) マットを編む過程

マット編みの過程は、男女が結ばれて両側に分かれるような、結合と分離、離合集散の反復作業のようなものである。

まず、パンダヌスマットそのものが女性的な生命力の象徴である。伝統的には、マットは、床の敷物とか儀礼的な贈与財として使われてきた。現在では、都市居住者が増えてきたために需要も多く、農村部の住民

写真５－４　儀礼的贈答用マット

女性は、出産・結婚・葬式などの節目にマットを贈る。写真は、婚約が決まった男女にマットを贈る村の女性。集まった人々は、カヴァの宴会でお祝いする。

の主要な収入源の一つにもなっている(8)。

マットは、女性が中心となる結婚・出産・葬式などの儀礼の際に贈る、いわゆる女財である。パンダヌスマットが女財とされる別の理由は、インフォーマントによると、パンダヌスが繁殖力のある植物であることにある。葉を刈り取っても、その部分から新しい葉が生えてくるし、切り取った葉を地面の穴に埋めても、そこから新し

写真５－５　棺の前に座る遺族の女性

棺に入っているのはこの家の家長。左端が未亡人で、右側の二人が死者の姉妹。棺は天を、姉妹は陸を、未亡人が海を表す。死者の妻子よりも血縁親族の方が上位（向って右）に座る。陸側と海側は「悲しみ」を支え、生命力の循環と強化を促すのに対し、死者はその両側を支えて媒介する天の第三者的関係に相当する。

棺の下には葬式用マットと樹皮布が、交互に重ねて敷かれる。

写真５－６　パンダヌスの葉を刈り取る女性

い芽が出てくる。また、種子からも発芽する。そのパンダヌスの繁殖力は、女性の生命力を連想させる。

マットを編むには、刈り取った葉を天日で干して乾燥させた白い葉と、それを煮て染色した黒い葉の二種類の葉を使う。白が男性を、黒が女性を表す。葉は、作業が始まるまでロール状に巻いて保存する。広げた一枚の葉を、その柄の部分を内側に巻き込むように巻いて一巻にする。多数の葉を一つに束ねて保管するときには、二二枚の葉を一束にする。編むときは、その束を両側に分けるが、一方の側が男性側、他方の側が女性側とみなされる。実際には、二二枚を両側に分けるので、それぞれの側が一一枚になるが、そのうちの一枚は数に入れない。一一枚のうちの一枚は基数（全体の基礎）として数に入れないので、一〇枚（男性側）と一〇枚（女性側）のペアとなる。

葉の枚数を数え終わると、それぞれの葉の表面を刃物で滑らかにする。その両側は、男女の支え合いの関係を表すとされる。その束をいくつ使うかにより、マットの大きさが決まる。マットの大きさは束の数で呼ばれる。リマが五束、オノが六束、ヴィトゥが七束、ワルが八束、ジワが九束である。九束が最大のマットで、大きな家の床に敷かれる。

マット編みの過程で注目されるのは、そこにフィジー人の基本的な価値観が集約されていることである。第一は、一枚の葉を四等分する過程である。まず、一枚の葉を四本に細分するとき、その葉の柄は切り落とさず、葉の中央脈の先端に向かってその両側を切り取り、中央脈を取り除く。葉が両側に分離されると、柔らかい葉だけが残るが、その切り取られた二本の葉の各々を、再び二等分するように柄から先端に向かって切れ目を入れる。こうして、柄とそれを共有する四本の葉（それぞれをケナケナと呼ぶ）が残る。それは、いわば一本の植物の根元を共通にして、そこから四枚の葉が生えるような形になる。

写真５－９　生命の表象としてのマット

写真の四角形の連続するデザインは、祖先（上）から子孫（下）への人間と生命の連続を表している。

写真５－７　マット編みの開始

パンダヌスの葉を両側（男性側と女性側）から重ねて基礎を作る。細い葉がケナケナ。

写真５－８　両側の葉を交互に重ねながら編む

第二に、共通の「基礎・源」を編むことから出発する作業（写真5－7から5－9参照）そのものが、樹木ないし人体の成長の過程を連想させる。

そして最後に、マットの先端を結ぶと完成する（最後の結びは「完成」を意味する）。一枚の葉を分けてできた四本の葉のうち、一本は、先述のように、マットの基礎ないし継目を編むのに使うので、残りの三本の細い葉を、別の葉の三本と絡ませながら編む。

一方の三本は男性、他方の三本は女性とされる。その両側の葉を交叉させてできる結節点は節目（セマ *sema*）と呼ばれ、夫婦とみなされる。セマには、節目や関節のほか男女の対面関係と友好的な交わりに通じる意味があり、多産・豊穣・幸福を喚起させる言葉である。そのことは、マットに描かれるデザインにも示されている。そこには、植物の葉や花、鳥、動物（亀）など、自然界の動植物が描かれることがある（写真5－10参照）。

また、マットはパンダヌスの葉を継ぎ足して大きくするが、その継目もセマと呼ばれる。

つまり、夫婦から子供が生まれるような、次の段階へのステップである。その継目と継目の間はタンバと呼ばれる（図5－2参照）。タンバには枝の意味の他、腕や肩、ある

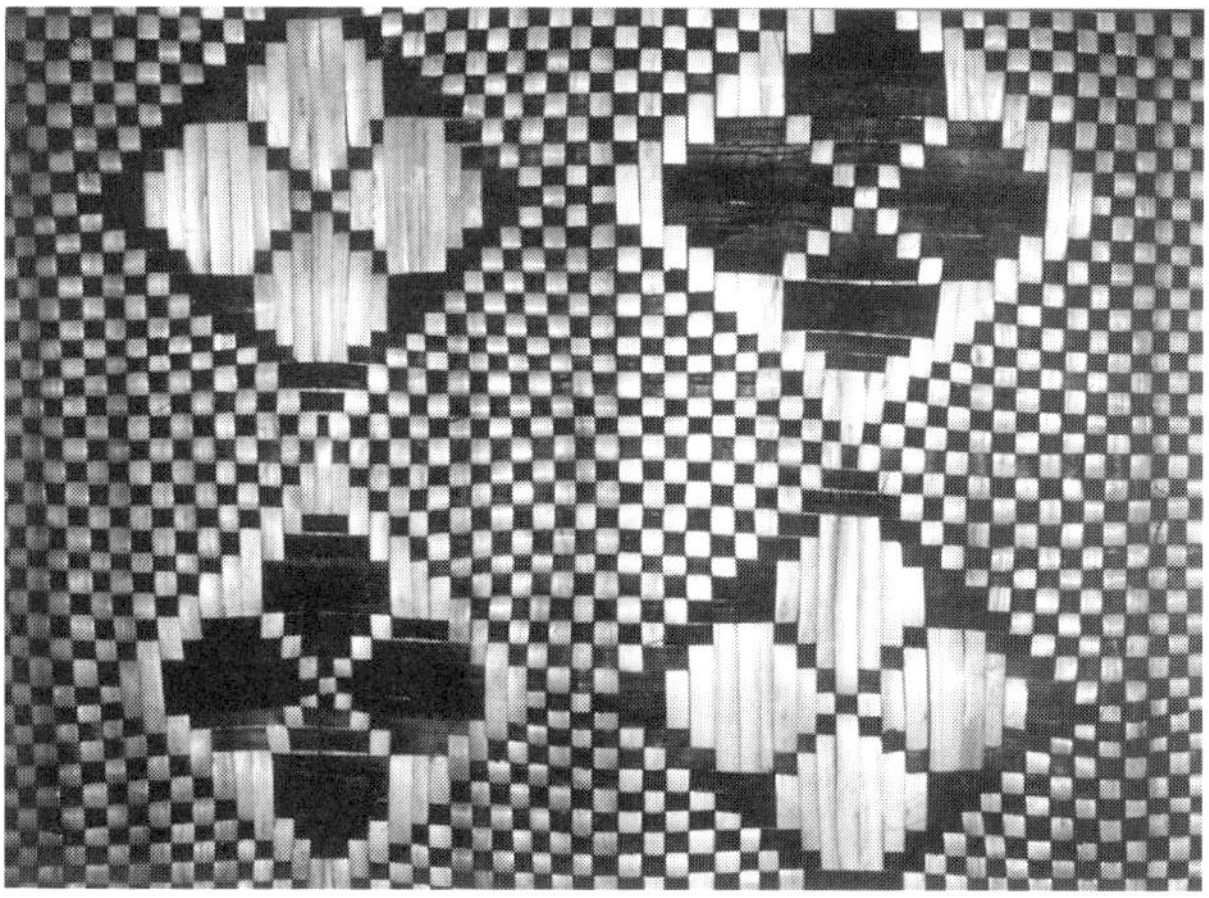
写真５－10　贈答用マット

写真は、筆者のために編んでくれた装飾用・贈答用マットである。植物の生命力と愛の心をデザインしている。

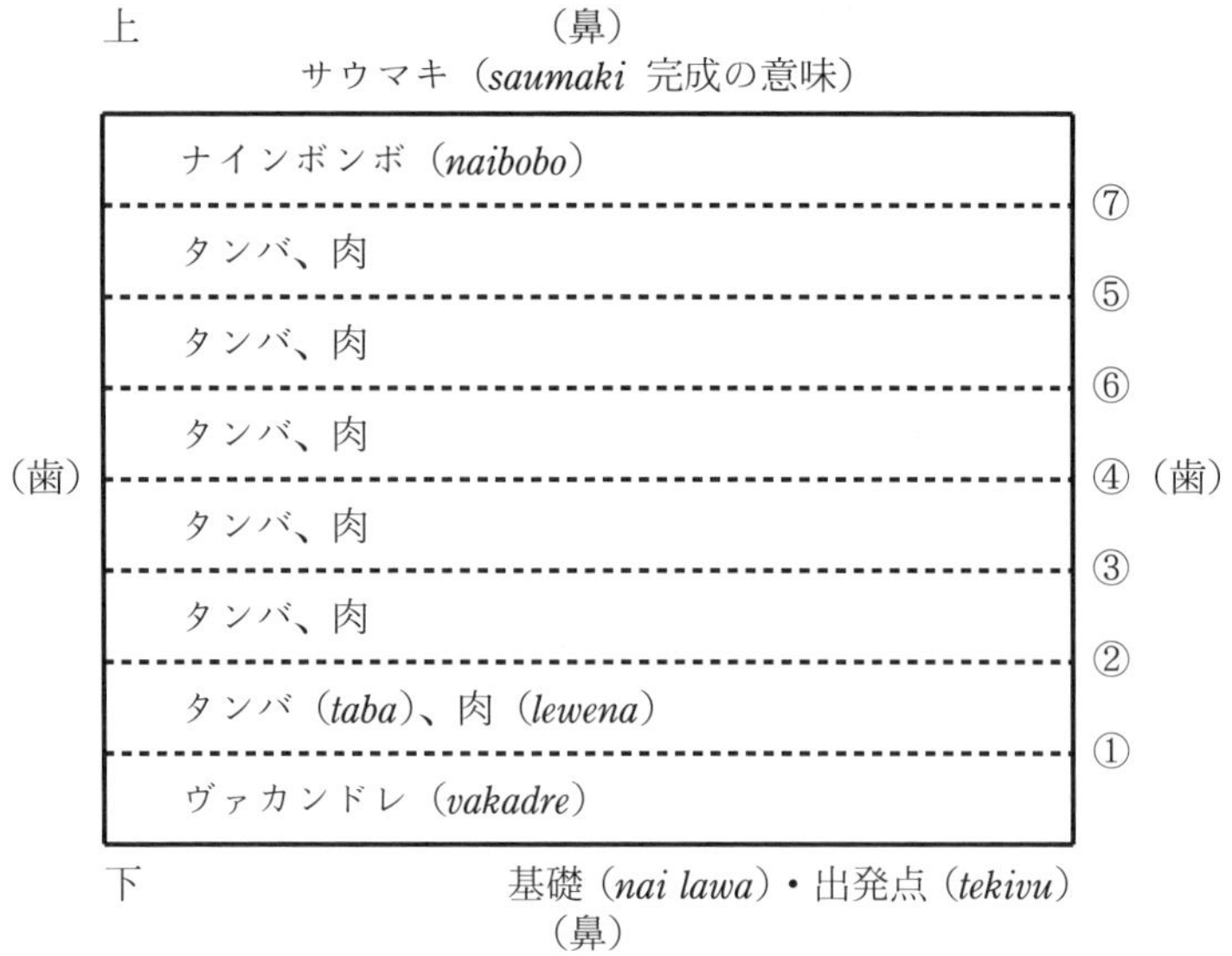

図５－２　マット編みの過程の理念図

図はワルと呼ばれるパンダヌスが８束のマットの例。破線の数字①から⑦は、パンダヌスの葉の継目（節目）を表す。継目と継目の間は、タンバ（枝・腕・肩・段階の意味）と呼ばれる。また、継目の間は正確には「肉の道」（*sala lewena*）と呼ばれる。「基礎」と「サウマキ」の両側（「鼻」（ウズナ）と呼ばれる側）に飾りをつけることがある。それに対して、「鼻」と垂直に交わる両側の縦のラインは「歯」（バチナ）とされる。（河合 2001b、31頁より転載）

いは段階やビルディングの階の意味もある。継目と継目の間が「肉」と呼ばれ、継目（ケナヴィ）や素材（ケナケナ）が「ケナ」（血管や道の意味がある）であることからも推測されるように、マットの形は、明らかに人体の隠喩でもある。

最後に、マットの先端を結ぶと完成する（最後の結びは「完成」を意味する）。そのマットの形（四角形）そのものが、四つの「側」をもつ、完全な支え合いの世界を表象している。

（2）生命の始源と両側性

ここで、改めて、マット編みのプロセスと、完成したマット全体の空間認識との関係に注目してみよう。基礎に相当する言葉のナイ・ラワには、出発点の意味もある。同様にフィジーで最も儀礼的に重要な上述の作物はヤム芋であるが、その種芋は新しい生命の出発点（基礎）になるので、ヤム芋全体の基礎とされる。また、畑の種芋を植える盛り土には長い支え棒が立てられるが、「頭側」に向かって伸びる芋の蔓がその棒に巻きつくので、その棒は、個々のヤム芋の蔓の基礎とされる。樹木の場合には、根元そのものが全体の基礎となる。

マット編みの工程で注目されるのは、それが、先に繰り返し説明した社会文化の両側性とサードネス（両側を支える基礎）の図式に一致することである。完成したマットの四角形の形象は、前章で検討した家屋と同様、縦（クンブ）と横（ヤサナ）の四つの側から成る二次元的な支え合いの形を表象している。

ここで筆者が注目しておきたいのは、そのマットの形に上側と下側、縦と横はあっても、高さや奥行きを表す言葉が見当たらないことである。種芋ないし樹木の根元（生命の基礎）から芽を出し、蔓や枝葉を両側に伸ばし、さらに四方に広がるイメージは、フィジー文化の神話的始源の神や、思考の源（記憶）にも深くつながる認識と考えられるが、マット編みの工程とその完成した二次元的な四つの側をもつ「かたち」こそ、フィジー人のそのようなプロトタイプ的認識を体現する表象の一つであると、筆者は考えている。

5．ミクロネシア・チュークの織物の三次元性

それでは、今まで検討してきたフィジー人の二次元的な空間認識は、他の南太平洋諸地域についても確認できるだろうか。比較資料が少ないので、手元にある、ミクロネシア連邦のチューク州（旧トラック）の織物に関するデータでもって検討してみよう。筆者が滞在した一九七〇年代後半以降のチューク環礁では、すでにそれは使

われていなかったが、その文化的意味を記録することはできた。

オセアニアでは、機織は、中部カロリン諸島を東限とするミクロネシアとメラネシアのサンタクルーズ群島（ソロモン諸島のサン・クリストバル島の東方に位置する）以外、ほとんど知られていないようである。[9] これらの地域では、バナナの樹幹の繊維で糸がつくられたが、機織の技術を欠く地域では、梶の木を素材とする樹皮布（タパ・クロス）がつくられた。樹皮布は衣類、カーテン、壁面装飾など、布に似た使われ方をする。しかし、パンダヌスの葉やヤシの葉を使った編物は、熱帯を中心に広く分布する。

伝統文化に詳しいイタン（伝統的知識の所有者で、その地位の称号の名前でもある）から筆者が聞いたところによると、チュークでも、布の四角形には特別な意味があり、その形は、四隅によって支えられる世界や社会集団を象徴する。二本の棒（綜絖［そうこう］：チューク語でテリケスと呼ぶ）を使い、麻を縦糸に、バナナの繊維を横糸にして織り込んだ。その縦糸は女系の祖先とそこから母系的にたどる子孫のつながりを、横糸はキョウダイ関係と父方の血縁関係を表している。前者は「肉」のつながりを、後者は「血」のつながりを表わす。その縦糸と横糸が織り重なって、一枚の方形（長方形）の布が織りあがる。

その形は、「父方と母方、男性と女性、両側の集団の協力関係と支え合いの人間関係を表す」とされる。機織が女性の仕事であったのは、子供を産んで、上の世代から下の世代へと命をつなぐのが女性の役割であるのと似ている。祖先からの縦の母系的な命の連鎖（肉）は、横側から交叉する父方（夫方）の「血」と交わることで、新たな命が生成すると考えられている。事実、母系氏族に相当する言葉はエテレケスであるが、それは、「一つ（エ）の綜絖（テリケス）」に由来する言葉である。ちなみに、エテレケスよりも広い範囲の母系氏族はエイナンと呼ばれるが、これには「四角形に並べる」意味があるという。

要するに、布はチュークの世界観と文化の認識を表象する女財であり、男性側と女性側の両側の織りなす支え合いの理念を表象している。その意味でフィジーと同じである。

しかし、フィジーと異なるのは、横糸（男性のライン）が縦糸（女性のライン）の補助線になっていることである。その両側の交わる結節点は常にヌーク（中心・腹）と呼ばれるが、それは両性の「腹」（生殖器を含む）が合わさって結ばれる接点であることを暗示している。また、腹は食物・胎児・心の入る生命力の座であり、頭と足の中心と考えられている。

ここでもうひとつ強調しておく必要があるのは、一見したところ似てはいるが、フィジーと違い、縦糸と横糸からなる方形の平面に、奥の次元が加わることである。[10] つまり、ちょうど家の入口から内側を見ると、遠い側が奥であるように、その布を地面に広げて下から見れば、自身より遠い側が奥になる。ただし、家屋の出入り口は両側にあるから、その両側から見れば、その中心が奥になる。より抽象的に言えば、立方体ないし球形の空間の内側の中心点が奥である。家屋は箱ともみなされるが、その「箱」の八つの角を結ぶ交点が中心・奥・腹であり、逆に、それが箱の四方と八方の隅を支える力の源である。

このように、フィジーでもチュークでも、家はある種の「箱」と考えられており、方形と立方体は同一視される傾向がある。しかし、チュークの方が立体的に認識される。例えば氏族は、箱が入れ子構造的に包含される空間のようにみなされる。

先にふれたように、チュークの母系氏族（エテレケス）が織機の道具に由来する言葉であることからもわかるように、氏族と織物を織る女性のイメージは類比的関係にある。それゆえ、四世代目という系譜の区分が、四角形の布の形と重なるのも、偶然ではないだろう。また、八世代目に八つの隅（角）をもつ箱の形ができ、九世代目にその箱の中心点が完成するとされている（その系譜世代の母系集団は、イタンの言葉でアインという）のも、その形が、八つの角（隅）と一つの中心をもつ箱の形であり、それに完全・完成の意味があるからだと考えられる。事実、それを語ってくれたイタンは、「箱は、秩序と調和のある完全な氏族の形を表す。箱が崩れるのは死を意味する」と筆者に語った。完成した完全な形を四の数字で表すフィジーとは、この点で明らかな違いがある。

チュークでは、木の葉も平面体ないし立方体とみなされる。チュークでもフィジーと同様、一枚の葉は、柄から葉の中央を先端に向かって走る中央脈によって両側（半分・半分）に分けられると考えられているが、その片側はエマトンと呼ばれる。それには、立体的なイメージが投影されている。[11]

また、エマトンは家屋の一部屋を指す言葉でもあるが、それは葉脈でもって、さらに小さいエマトンに分けられる。つまり、一枚の葉が葉脈によってさらに細かいエマトンに細分化されるという見方は、一戸の立体的な家の内部が、さらに細かい部屋（これもエマトンと呼ばれる）に分かれるような、入れ子構造的な空間認識に通じる。葉（*chéén*）には「平和」の意味もあるが、それは家の内側の床のように、平らで安らぎのある、「箱」の内側のような空間と意味的に通じるからである。

以上のように、フィジー人の空間認識は、チュークのそれと比べれば二次元的である。先述のように、フィジーでは、パンダヌスの葉も、完成したマットの形も、家屋の形も、縦（ヤサナ）と横（クンブ）の「側」の二次元的な組み合わせとみなされる。その基礎（始源）から両側に分かれ、結合と分離を反復させながら、最終的には四角形（四つの側）に編み込まれる、パンダヌスマットの二次元的な形にそれはよく表わされている。

6．対人関係の両側性と統合性

チュークの上述の空間認識は、島・村・身体だけでなく、言語そのものの認識についても認められる。例えば、文を構成する単語もまたエマトンと呼ばれる。つまり、言葉の分節化も、一枚の葉が葉脈にそって、より小さなエマトンに分節化されるのと同じように認識されている。

それに対して、フィジーでは、世界も村も家も人体も、ある種の生命の入る器とされている（その意味で立体的である）が、度々述べたように、その形は、縦と横、前と後、上と下、右と左といった「側」の組み合わせである。四つの側をもつ四角形の形象もまた、「側」の組み合わせであり、その「側」が互いに支え合う形が完全性と完成の意味を表す[12]。フィジー語では、自己から箱に向かって左右に走る辺はすべて横（*yaraba*）で、上下と奥に走る辺はすべて縦（*balavu*）である。それは、少なくとも語彙のうえでは、縦と横しかないという意味で、二次元的である。

その四つの側と両側の基本的認識は、興味深いことに、次に示すように、一人称と二人称の構成にも示されている。図式化のしすぎの誹りを恐れずに言えば、次のようにまとめることができるだろう。

まず、フィジー人の一人称と二人称の特徴を、マット編みのプロセスを念頭に置いてまとめるなら、図5－3のようになる。

図に示したように、私もあなたも、個人であると同時に集団の中の一人でもある。つまり、私の側は、「私（一人）」「私たち二人」「私たち三人（ないし少数）」「私たち四人（及びそれ以上）」の四つのカテゴリーに分けられる。

二人称の側（４つのカテゴリー）

1	2	3	4
あなた—	あなた方２人—	あなた方３人(少数)—	あなた方多数
iko	*kemurau*	*kemudou*	*kemuni*
(*ko*)	(*kodorau*)	(*kodou*)	(*koni*)
［あなたと私を含めて］			
(私)—	私とあなた—	私とあなたと少数—	私とあなた他多数
	kedaru	*kedatou*	*keda*
［あなたを排除して］			
私—	私たち２人—	私たち３人(少数)—	私たち多数
au	*keirau*	*keitou*	*keimami*

一人称の側（４つのカテゴリー）

図５－３　人間関係の一人称と二人称

四人以上は「大勢 *keimami*」とも言う。

他方、あなたの側も「あなた（一人）」「あなた方二人」「あなた方三人（少数）」「あなた方四人（及びそれ以上の大勢）」の四つのカテゴリーに分かれる。[13] したがって、一人称の側は、「私」を起点（基礎）として話者（私）を包摂しながら、二人（両側）、三人（三つの側）、四人（及び、四人以上の側）と人数を拡大させ、全体として四つに分かれて完結する。同様に二人称の側も、相手（あなた）を起点（基礎）として「あなた」を包摂しながら二人、三人、四人（及び四人以上）と人数を拡大させ、全体として四つに分かれて完結する。

もうひとつ注目されるのは、「私の側」と「あなたの側」の中間に、「私とあなた」（一人称と二人称）を同時に含む人間関係のカテゴリーがあることである（図5－3参照）。さらに、一人称の側と二人称の側は、互いに支え合いの関係にあり、合わせて「一つ」(*dua vata*) になるとも考えられている。

このような人間関係の分類の仕方は、両側を合わせて一つに編み進む、先述のパンダヌスマットのプロセスとか、一つの島や村を両側ないし四つの村や氏族に分けて細分化し、逆に、両側を合わせて一つにまとめる中心化の思考にも通じるものがある。

それでは、第三者を組み入れた三人称的関係は、どのように表現されるのだろうか。特徴的なのは、フィジー語には、英語の he（she）に対応するような、自身から見て第三者を指す明確な三人称単数が見当たらないことである。確かにそのような表現が全くないわけではない。例えば、「人（*okoya*）が働いている」というような表現では、その「人」は、「あなた」（*ko*）の一部でありながら、私でもあなたでもない第三者である。[14]

四方のうちの一つが特別な位置に格上げされる傾向は、マット編みの過程にも認められる。上述のように、マットを編むのに使う四枚のパンダヌスの葉（ケナケナ）のうち、一枚は基礎を作るのに使うため、その他の三枚とは別にする。そのため、その一枚は、四枚の仲間でありながら、他の三枚をまとめて統合するための基礎ないし第三者（サードネス）の役割をもつ。

筆者の見解では、この原則は、地域レベルにも認められる。つまり先に取り上げたバティキ島の大首長がムア村に住んで、島の四つの村を統治するように、一つの島ないし地域は四つの村に分かれるが、そのうちの一つの村が島全体の大首長の住む村となり、四つの村の一つでありながら、島・地域・村全体を政治的に統括する第三者的存在（基礎・中心）となる。

7. 土地の道とマネーの道――差異化と共存

ここで、もう一度、冒頭で引用したトーマスの「土地の道とマネーの道」の問いに戻ってみよう。その言葉はトーマスの主張のように、先住フィジー人による西洋文化への対抗意識から生じた発言だったのだろうか。もちろんそれは、語った本人でないとわからない。

しかし、ここで指摘しておきたいのは、フィジーに導入されたキリスト教、政府組織、学校、空港、商業のような外来の文化を、かなり明確に彼ら自身が伝統文化から区別していることである。先住フィジー人の一般的な見方からすると、西洋の伝統はビジネスで代表され、フィジー流の伝統はヴァヌア（居住地域）の首長、祖先、家屋の礎石で代表される。

前章で詳述したように、伝統は、神の創造したものとされる。彼らは、神が与えてくれた伝統こそ自然で、本物の文化であり、逆に、外来の文化は不自然で偽物と見ている。先住フィジー人がトーマスに語った「土地の道」についての見解は、西洋文化への対抗のために伝統文化を政治化したというよりは、むしろ互いの文化差に関する、彼らの正直な感想に近い語りであったように、筆者には思われる。

オセアニア研究でも、ポストコロニアル的状況のなかで、文化と社会を規則や原理に還元したり象徴やテクストとみなしたりする研究は、自文化中心的な営みであるとして批判されるようになった。また、どの社会にも普遍的に適用できるような組織や原理を追求する試みは、もはや求められなくなった。さらに、近代化や都市化が進行して、変化し多様化した現地の伝統文化の調査研究と民族誌的記述を否定する傾向さえ生じた。

しかし、筆者には、地域の人々の担ってきた文化が、グローバル化と近代化により、それほど簡単に西洋的な価値観に転換して、過去の伝統的価値観と断絶が生じるほど、底の浅いものとは考えられない。

確かに、グローバル化と文化的多様化の進んだ現在では、民族誌家の分析枠組みを優先して現地社会の行動や組織を分析し、社会文化を完結した統合的全体として描き出すことは、もはや困難である。しかし、多様化・混合化・多文化化した状況のなかで、それらを調和した世界と見る住民の視点がなければ、精神的錯乱や狂気を惹き起こすことになることだろう。そうした状況を住民がどのように認識して受け入れてきたかは、フィールドワークと民族誌研究の原点に戻って、再検討してみる余地のある問題である。

ヴァヌアツの民族誌的研究でリオが指摘したように[15]、社会・文化・個人の概念が脱構築されて以後、それを新たに再構築する努力は、なおざりにされてきた。現地の人々が、自身の社会生活のリアリティを、どのように経験的に理解し実践しているかについて再検討することが、今はむしろ求められる。前章でもふれたように、近年、オセアニアの民族誌的研究では、本書でも度々述べてきたような、世界内存在としての人間の認識や経験を重視する現象学的志向をもつ研究が増えているのも、その一つの表れと言える。[16]

オセアニア諸地域の人格（personhood）の概念と、西洋の個人主義的人格との違いについては、すでに多数の議論があった。ここでそれに深く立ち入る余裕はないが、先にマット編みや地域構成を通して示したように、少なくとも先住フィジー人にとって、個人と人格は、自然・社会・文化と対立する境界の明確な領域ではなく、むしろ生命の循環サイクルの一部であり、天の神の創造した自然環境・社会・身体の総合的秩序（トヴォ）の一部である。

したがって、グローバル化や観光地化に伴うビジネス志向の行動様式、近代組織の導入に伴う伝統との葛藤や矛盾、その矛盾から生じる犯罪や逸脱を阻止するための近代的な法や政治機関の整備、土地制度の改革などにより、大きな変化が生じたことは明らかである。しかしそうした国家権力と住民の関係性一つ取り上げても、西洋的な意味での政治権力による個人の身体への抑圧や権力に対する抵抗の図式を、そのまま先住フィジー人に適用するのは難しい。西洋化・近代化の波に呑み込まれたり他文化と混合したりして伝統を失いつつあるというよりは、むしろ、彼らは、神の創った伝統と西洋文化とを明確に区別し、神から与えられた両側の支え合いと相互依存という伝統的な認識図式でもって再解釈し、さらに外来の文化をその図式に摂り込むことで、新たな文化を受け入れたとも言えるからである。

それは、図5－2に示したように、完成したマットの四角形の両側のライン（縦）を「歯」と呼び、上（頭）側の横の辺と下（足）側の横の辺を「鼻」と呼ぶのに似ている。完成したそのマットの形は身体の「かたち」（支え合い）と社会性を表象する。その際、「歯」は他者に対する攻撃性と排他性を、鼻は息（生命力）を交流しあう友好関係を表す。筆者の考えでは、それは西洋の文化との関連性についても言える。住民という「身体」（図のマット）は、「歯」で示されるように外来の文化に対しては排他的・保守的であるが、他方で他者と区別しながらも「鼻」（対面関係）で示されるように互いに支え合う友好的な関係をもつ。

繰り返して言えば、フィジー人は、自身のトヴォ（伝統的慣習）と西洋のトヴォ（慣習）とを区別しながらも、西洋を含む外来の文化を、フィジー人の伝統的な両側性の図式に組み込むことで、自らの「伝統」的世界を再構築したと考えられるのである。[17]

8．経験世界の理解

先に見たように、マット編みの作業は、植物の生長だけなく、人体の成長過程の開始から終結までの過程を体現している。また、こうして完成したマットは、人間と動植物の一体的・二次元的な生命循環を表象している。マット編みのプロセスにも体現されているように、人間の生命も、祖先ないし神に系譜をたどる基礎（源）に由来し、男性原理と女性原理の織りなす結合・分離・生成を反復しながら、世代から世代へと継承される。したがって、個人は、自然・社会・人間の間の生命循環における、一時的な結節点として存在する。

そのような人間観は、すでに述べたように、生物（自然的存在）の一種としての人間と、人間の知性の産物である社会文化とを明確に区別して、両者を相互排他的に考えがちな西欧的・生物医学的な人間観とは大きく異なる。

種から出た芽が枝分かれしながら生長する樹木、目に見えない種から渦巻模様を徐々に明確にしながら生長する海の貝、畑の盛土に埋めた種芋の上側（頭・源）から芽を出して伸びるヤムの蔓。

フィジー人の人間の成長に関する見方もまた、無定形のイメージから明確な形を現出ないし体現していく動植物に関する生命観や、生活世界における経験から醸成され継承されてきた前概念的な認識の一部と見ることができる。人々はまた、その日常の経験・観察・記憶を通して、自然環境・社会・文化・身体を貫くエコソフィー的な生活世界の秩序を、神が創った「自然」（当然）の秩序として受け入れてきたと考えられる。

先に述べたように、確かにフィジー人の生活世界は、個人の意志を超えた次元で組織された社会・政治・経済的秩序でもってコントロールされている。しかし、その個々人と社会が相互的に関わる動態的な生活世界においても、伝統的な神に系譜をたどる記憶や経験を学習して身体化し、共有することで、生活世界を再解釈していることも確かである。

自然・社会・文化・自己の動態的関係を考慮に入れることのない民族誌的研究は、先に検討してきた現地の人々の二次元的に組織された経験世界を、科学的とか客観的という名のもとに三次元のモノサシで測るような、研究者の先入観を現地文化に投影する研究になる可能性がある。

しかし、変化した社会における内側からの理解は、すでに次の章の課題である。

注

（1）Thomas, Nicholas 1991.

（2）Thomas, Nicholas 1991. p.197.
ただしトーマスは後に、新しい伝統の創造（例えば、伝統的な依頼の慣習であるケレケレなど）による民族アイデンティティの強化と他文化への対抗という自身の主張を、「すべてに普遍化できるわけではない」として、部分的に修正している（Thomas 1997 pp. 12-1）。

（3）バティキ島の村落構成と移住伝承については、河合利光 二〇〇九b（第一章、三九～六七頁）で詳述した。

（4）詳細は、河合利光 二〇〇九b、四八～五二頁。

（5）Rio, Knut Mikjel 2007. p.130.

（6）Sahlins, Marshall 1962. pp.208-300.

（7）Anderson, Astrid 2011.

（8）フィジーの編物については、すでに紹介したことがある。詳しくは、拙論（二〇〇一b）を参照されたい。

（9）菊岡保江・小網律子 一九七八。

（10）ミクロネシア・チュークのエピン（奥 *epin*）の概念については、河合利光 二〇〇一a、二二五～二二七、三六〇、三七九～三八二、三九六頁参照。

（11）エマトン（*emuaton*）はまた、箱の全体にも部分にもなる、その言葉は、再びイタンによると、ナマコ（*mui*）に由来する言葉である。特定のナマコは、切り刻んでもその断片から再生する。ナマコが一つであることをエムというが、エマトンはナマコ（エム）のように、ナマコの部分であると同時に、独立した個別の身体にもなりうる。葉と言葉の認識と表象についての詳細は、拙論（二〇一一a）を参照のこと。

（12）フィジーの認識が二次元的ということは、彼らが三次元的に認識できないということではない。教育水準の高い現代のフィジーでは、数学的思考を学習しており、それを当然知っている。むしろそれは神の創造したトヴォとして認識されるフィジーの生活経験による見方と考えた方がよい（河合利光 一九九三、一二六～一二九頁参照）。なお、本論では詳述できないが、フィジーとチュークの二次元性と三次元性の違いは、フィジーが偶数を聖数とするのに対し、チュークでは奇数を聖数にしていることにも表われていると筆者は考えている。チュークについては河合二〇一一を参照。

（13）人称表現の詳細は菊澤律子一九九九、一四〜一五頁参照。図5－3は、筆者のデータを加え、目的に合わせて作成した。

（14）人々に相当する言葉（*ira*）には「彼ら三人」（*iratou*）があるが、「彼ら二人」とか「彼ら四人」という表現は基本的にない。インフォーマントによると、イラ（*ira*）のラーは、棟（頂点）から両側に傾斜する屋根のような、上から下へ下降するイメージである。

（15）Rio, Knut Mikjel 2007. p.1.

（16）前章でも若干、紹介したが、二〇〇〇年代以降のその研究の動向を若干、紹介すると次のようになる。例えば、スウェーデンのオセアニア研究グループがまとめた論集（Ingjerd Hoëm and Sidsel Roalkvam eds. 2003）では、オセアニアの人々の土地と海、首長と平民、男性と女性といった科学主義的二元論の見解を再考して、現象学的民族誌の視点から、自然環境や資源を含む生活世界における現地の人々の「側」の形成という認識から記述した。その調査団のメンバーでもあったフヴィングズ（Hvings 1996, 2003）のソロモン諸島のマロヴォ環礁の研究は、かつて双系親族（cognatic kinship）とかキンドレッドと呼ばれた親族体系を、「側」（side）の認識の視点から記述分析した試みとして注目される（Stewart and Strathern 2011. pp.168-171 にその詳細な紹介がある）。他に、前章で言及したアンダーソン（Anderson 2011）、リオ（Rio 2007）、パプアニューギニアのヤグウォイア人（Yagwoia）に関するミミカ（Mimica 2011）の現象学的・精神分析学的研究などがある。また、S.アンダーソン（Anderson 2011）やM.H.ロス（Ross 2009）の現象学的視点を重視する書は、「景観人類学」を表題にしている。場所・歴史遺産・自然環境の中に、身体的な経験や記憶を通して蓄積されてきたローカルな認識や知覚に関するデータを重視する点で本書とも基本的立場を共有している。その立場はスチュアートとストラザーン編『景観・記憶・歴史―人類学的考察』（Stewart and Strathern eds. 2003）の表題に象徴的に示されている。

(17) 西洋の政治制度の導入とヴァヌアとの関係についてはすでに論じたことがある（河合利光 二〇〇二）。

第6章

女になりたい少年と男になりたい少女

フィジー人の第三の性

スヴァのインド系小学校に通う子供たち。（Photo，新川緑）

1．オセアニアの第三の性をめぐる諸説

オセアニアの第三の性（サード・ジェンダー）のテーマには、すでに長い研究史がある。とりわけ、ポリネシアの各地から報告があり、早くから注目されていた。

この問題は、言うまでもなく、心身と社会文化の双方にまたがるテーマである。一九二六年に出版され、今や古典となっている『サモアの思春期』[1]でマーガレット・ミードは、歩き方、話し方、服装などで女性的な行動をとるファファフィネと呼ばれる「男性」に注目した。オセアニア地域にみられるそのような「男性」は、女性の服装をして女性的な行動を好むだけでなく、女性の中に混じって料理・洗濯・マット編みなどの女性の仕事をする。ミードは、そのような「男性」は、女性と結婚して子供を持つので単なる同性愛者ではなく、精神的に不健康な、ある種の病理と考えた。

ミードの病理説は、一九八〇年代の半ば頃まで支持されたが、その後修正された。しかし決定的な説が出されたわけではなかった。例えば、後にサモアを研究したショアは、ミードの見解を修正して、それを病理としてではなく、第三の性（以下では、便宜的にこのように呼ぶことにしたい）という固有の性と捉えることを提唱した。[2]しかし、まだ、「逸脱した男性」とか「女性の模倣」と解釈し、社会的・心理的に不健康な存在とみなしていた。他方、サモア出身の研究者のマゲオも、サモアでは男性のみが異性装をすることに注目し、それを社会的ストレスの結果と見て、文化的に形成された不自然な男性と位置づけた。[3]

以上のように、その現象の生ずる原因は、子供の生育環境と病理（ミード）、社会的ストレス（マゲオ）、文化

的性差外の性（ショア）といった、個人としての子供の内的（精神的）要因か外的（社会的）要因により、本来「正常」であるはずの生物学的性差に基づく文化的性差範疇から、特殊な事情で「逸脱」ないし「独立」した存在と捉えられていた。

それでは、第三の性と呼ばれる存在は、そもそも生物学的性差を超えて構築された文化的カテゴリーと見るべきものだろうか。西洋二元論を前提として分析したベスニアは、ポリネシアには親族名称上、男女の二分法が揺るぎなく存在するから第三の性は存在しえず、研究者が第三の性と呼ぶものは、そのどちらにも属さない「境界の性」を指していると論じた(4)。つまり、ベスニアの説は、男性と女性の生物学的二分法と親族カテゴリーの二分法との整合性を前提として、第三の性の存在そのものを否定し、そのいずれにも属さない男女を、境界の性と解釈したわけである。それに対し、クリスティアンは、生殖器官は男女を見分ける手段にすぎないから、サモアの第三の性を西洋的二元論でもって解釈するのは困難であるとして、その性を選択する個々人の意志と行動を重視し、それを実行した人だけがなる性であると論じた(5)。しかし、ベスニアの境界の性説もクリスティアンの行為論も、「男性と女性」の二元論的カテゴリーから何らかの理由で外れた行動と見ている点で、ある種の逸脱説といえる。

もちろん、筆者は、以上紹介してきた諸説の正当性を、全面的に否定するつもりはない。後述するように、「正常からの逸脱」という見解は、多くの現地住民の見方とも一致しているからである。また、すべてを先天的な障害とする病理説の見方もとらない（後述するように、稀に完全な病理に見える例も存在するが）。本論ではまず、ミードが着目した子供の心身の成長過程と成育環境との関係性に注目する。次に、社会文化の全体にみられる第三の力の認識（サードネス：本書第4章、第5章参照）と、心身レベルでの第三の性の認識との連続性を明らかにする。そして最後に、以上の視点からスヴァにおける第三の性の増加の理由を考察する。

筆者が、フィジーのスヴァ市の一画に滞在した二〇一一年の夏に、そこで、ガウリ（女になりたい男）とかトンボイ（男になりたい女）とか呼ばれる青少年・少女に関するデータを得る機会があった。本論では、そのデータを基に、近隣のサモアやトンガ等のポリネシアで主に論じられてきた、従来のオセアニアの第三の性の諸説に対して、私見を提示してみたい。

2. スヴァに関するホワイトの報告

フィジーは地理的・人種的にはメラネシアに分類されているが、言語的・文化的にはポリネシアとも共通点が多いとされる。にもかかわらず、フィジーの第三の性に関する文化人類学的研究は、きわめて少なかった。次に紹介するホワイトの研究はスヴァ市内に関するもので、同じくスヴァで調査した本稿のデータとの比較のためにも有用である。(6) まず、その要点を紹介しておくことにしたい。

ホワイトが調査したのは、全校七〇〇人を超える生徒の通う、スヴァ市内の比較的規模の大きなセカンダリー・スクールである。そのうち七〇％が先住フィジー人で、近辺の労働者階級の子弟が通っている。

ホワイトが注目したことの一つは、生徒間の役割行動である。一八三〇年頃から布教を開始したメソジスト教会が、単婚世帯と女性の家事労働の理念を強化させようとしたが、実際には、それ以前から家庭内での男性の仕事（陸の仕事）と女性の仕事（家事と海の仕事）の性別役割分業の理念が存在していた。ジェンダー差が明確になるのは思春期段階であるが、比較的早くから、その区別は家庭で社会化される。学校では、女子生徒が教室の掃除をするのに対し、男子生徒は教室でタッチ遊びをしたり、戸外でラグビーをしたりすることがよくある。仕事場でも学校でも、同性同士で集まる傾向がある。男女が友達になることはほとんどない。

ホワイトのその報告で注目されるのは、第三の性に相当する言葉がワンドゥア（*wadua*）であり、それがオーストラリアの影響で poofter（女々しい男性の意味）とか point five（「半分男性、半分女性」の意味で両性の中間を表し、それほど深刻な意味はない）という英語で呼ばれることもあることである。つまり、ワンドゥアをホモと同義に解釈しているということは、ワンドゥアにもセクシュアルな意味が込められていることを示唆する。ワンドゥアは、伝統的にはコミュニティに受け入れられてきたが、外国のゲイ人権運動の影響でフィジーにもそれが広がり、それを政治的に抑圧しようという動きも生じたという。それも、ワンドゥアとホモを同一視する傾向の表れのひとつといえるだろう。要するに、フィジーでも、先にポリネシアの特徴として挙げた「境界の性」の存在を確認できる。

もう一つ、注目しておきたいのは、理想とされる職業との関係である。ホワイトは、セカンダリー・スクールで観察した二名の少年の事例を記している。

まず、K（生物学的な性は男性）は、男性の仲間でありながら女性として育てられた。また、先住フィジー人でありながら、インド系の少年と親しく、インド系の少年にアイデンティティをもつ。もう一人のJ（生物学的な性は男性）は、女性の方にアイデンティティを感じ、学校では女性仲間に加わり、男性とは実質的な交際がなかった。家庭では家事育児を手伝う。また、外国語である英語にアイデンティティを感じている。

女性仲間のなかでいじめにあうことはないが、全体に好ましいとはみなされておらず、教師の役割は二人を「本当の少年」に戻すことだと述べている。このような少年は、卒業後、接待業などの女性的とされる仕事に就く例が多いという。

以上のようなホワイトの報告が、他地域にどれほど一般化できるかは未調査であるが、それが突然現れた現象ではなく、伝統的に、多かれ少なかれ広く認知されてきたことは確かである。筆者は、中部諸島のほぼ中央にあるバティキ島に滞在していたとき、中部諸島州（ロマイヴィティ）の州都であるオヴァラウ島のレヴカに、三人の「女になりたい男」と「男になりたい女」がいると聞いたことがある。そのうちの二人が「女になりたい男」で事務職に就いており、もう一人は「男になりたい女」で、兵士をしているという。バティキ島内にも同様の「男性」がいたが、詳しいデータを得る機会が得られないままであった。インフォーマントはそれを「生まれつきの性向」と述べていたし、その呼称そのものに、異性に「なりたい」（*viavia-*）という意味があり、当時は、男性と女性の生物学的カテゴリーから逸脱した人ほどの意味に考えていた。

しかし、スヴァで入手したデータは、その予想を裏切るものであった。筆者が注目したいのは、冒頭でまとめたポリネシアの国々との文化的特徴の共通性である。ホワイトが報告するフィジーのワンドゥアは、「ワ」（生命力を一方から他方へ伝える紐や船のような媒体の意味）と「ドゥア」（数字の一）の合成語であり、そこには両側（男性と女性）を結んで一つに統合する意味がある。だとすると、そこに両性具有的な意味が込められていることになる。

また、先にポリネシアの第三の性の特徴として挙げた特徴は、概してフィジーにも当てはまる。トンガを調査した山路勝彦は、そこに働きに来ていたフィジー出身の「女になりたい男」の発言を記録している。[7] 要約すれば、次のようになる。

まず、フィジーのそれは、トンガのファカレイティと同じである。また、その「男性」は四人兄弟と二人の姉妹の末っ子で、母親から女として育てられ、女の子ともよく遊び、家事を手伝った。「彼」は姉妹と共に寝ても、姉妹の食器を使ってもよかった。さらに、その「男性」は自身を女として意識するようになり、「女との結婚は考えられない」と語った。

一人のインフォーマントからの情報なので、どれだけフィジー全体に適用できるかは不確かであるが、そのインフォーマント自身がトンガとの共通性を経験的に自覚していることから、ある程度の類似性の存在は確認できるだろう。サモアやトンガについては、後に改めて言及することにして、次に筆者がスヴァ市内の一画で収集したデータから、フィジーの第三の性の特徴をまとめておきたい。

3. スヴァ市のガウリ（女になりたい男）とトンボイ（男になりたい女）

（1）スヴァ西部地区のガウリとトンボイ

筆者が滞在したスヴァ市西部の一画にあるN行政区の伝統村（W村）は、レワ川上流からの移民が、一八〇〇年頃に移住して開拓したと伝えられる。後に人口が増加すると、W村にあった四つの父系氏族集団が、徐々に別個の村に分かれて住むようになった。現在のN行政区は、その地に最初に定住したW村と、その村から後に分かれて近隣に住むようになった三村、及びスヴァの中心街への通勤・通学等の便から、比較的最近になって他地域より移住してきた七つの新村からなる（その四つの伝統村は一つのヴァヌアであるが、新たに建設された新村の居住者は、そのヴァヌア内の周辺部に住む。出身地はラウ諸島、カンダヴ島、中部諸島の島々などの離島出身者が主である）。したがって、スヴァ市N行政区は、実質的にその伝統村のヴァヌアと範囲が重なる。

写真６－１　西側からスヴァ湾を臨む（Photo，新川緑）

N行政区の人口は一五〇〇人ほどで、伝統的村落の住民の人口は一三〇〇人ほどと推定される。その行政区では、スヴァ市内で職を得て働いている人々も多いが、伝統村では農業と漁業を営む人が多い。ただし、スヴァの中心地が湾を挟んで対岸に見え、ボートで行くと「煙草を一本吸う距離」といわれるほど近いので、農業よりはむしろ、海鼠・蛸・ウニなどの海産物をスヴァのマーケットに出荷して生計を立てている人が多い。また、筆者が訪れたことのあるフィジーの他の地域よりは、男性が農業、女性が海（川）の仕事という伝統的な性別役割分業が明確でなく、海産物の出荷のような男女協同で仕事をする姿も見かける。いわば都市近郊的で、人口動態も相対的に大きい。

この地区には、先住フィジー系とインド系の二つの小学校があるが、後者の場合にも、先住フィジー系の子供の数のほうが圧倒的に多い。ただし、とくに後者の小学校では、先住フィジー系、インド系、サモア系などの混在する多民族的な構成である。これは、近くにあるニュータウンから、スクールバスで通学する児童が多いことにもよる。しかし、いずれの小学校にもガウリ（*gauri*）とトンボイ（*toboi*）と呼ばれる子供が、しばしばいる。その呼称は、そこに筆者が滞在するまで文献で読んだこともなかったし、フィジーの他の地域で聞いたこともなかった。それがどの程度フィジー全体に周知の言葉なのか、あるいはいつ頃からできた言葉なのかについての詳細は不明である。ガウリとトンボイが英語からの借用語であることは明らかであるが、ガウリにはタンガラ（*tagara*）、トンボイにはブネネ（*bunene*）というフィジー語もあるというから、それが古くから存在していた可能性が高い。

いずれにせよ、その分類が、先述の離島の「女になりたい男」と「男になりたい女」の意味に、それぞれ対応していることは明らかである。

写真6－2　スヴァのフィジー系児童の通う小学校の授業風景

写真6－3　スヴァにあるインド系小学校の一つ

スヴァのクィーンズロード側にある小学校。日本の国際協力で建てられた。右下の写真は壁に貼られた感謝状。出身民族は多様であるが、在籍児童数約200人のうちインド系は30人ほどで、大多数は先住フィジー人の児童である。近くの新興住宅地からスクールバスで通う子供が多い。（Photo, 徳増貞子）

また、この地域でも、先述のホワイトが報告したポイント・ファイブ（中間の性）という呼称も使われていた。もちろん、この地でも、そのような男女を「男になりたい女」とか「女になりたい男」と呼ぶことがある。ガウリの特徴は、肉体は男性だが、口紅や化粧をしたり、女性的な声で話したりするだけでなく、料理・洗濯・掃除・女性の服装と髪型を好み、女性仲間に加わるような、女性的行動をとることである。逆に、トンボイは、肉体的には女性だが、ラグビー・農業・ココナッツ採り・男の子供の遊びなどを好み、男性仲間に加わって男性的な行動を好む。

表6－1　W地区の「第三の性」の事例
○は重症とされるガウリとトンボイ

ガウリ（女になりたい男）				トンボイ（男になりたい女）			
No.	年齢	職業	重度	No.	年齢	職業	重度
①	9	小学生		①	14	生徒	
②	11	在宅		②	14	生徒	
③	13	在宅		③	14	生徒	
④	15	農業	○	④	17	学生	
⑤	17	学生		⑤	18	学生	
⑥	18	学生		⑥	18	学生	
⑦	19	農業		⑦	18	在宅	
⑧	20	在宅	○	⑧	19	在宅	
⑨	20	学生		⑨	19	在宅	
⑩	21	農業	○	⑩	19	学生	
⑪	21	学生	○	⑪	19	学生	
⑫	23	農業	○	⑫	20	学生	○
⑬	23	床屋	○	⑬	21	学生	○
⑭	25	床屋	○	⑭	23	学生	○
⑮	26	床屋	○	⑮	27	専門学校生	○

（2）思春期に集中する傾向性

筆者がN地区の伝統村で聞いたガウリとトンボイに関するデータを集約すると、表6－1のようになる。信頼のおけるインフォーマントであるとはいえ、口にするのが難しい話題であり、また、その判断に主観を伴いやすいので見落としている事例もありうるから、（間違いではないにしても）完全なリストと考えることはできないが、傾向性を確認することはできるだろう。実際、ある少女は、「本来、ガウリは（男の仕事である）農業はしない」から、農業をしているガウリは「本当のガウリではない」と述べている。しかし、表を見ると、農業を主にしているガウリもある。ガウリ／トンボイであるか否かについては、現地の人々の見方に揺らぎがあることを、それは示している。これをどのように考えたらよいのだろうか。

一つの解釈は、ガウリとトンボイには重度に差があり、単に行動のレベルで判断される軽度のガウリ／トンボイと、心理的・社会的に生涯続く重度のガウリ／トンボイがあると見ることである。事実、彼らは重度の高い「本当のガウリ」と「本当のトンボイ」を、一時的で軽いガウリ／トンボイから区別している。表に示したように、重度が高いとインフォーマントが判断したガウリとトンボイは二〇歳以上に多く、特に二三歳以上のガウリの場合、農業をしているガウリが四名のうち一名いるものの、他の三名は女性の職業とされる理髪（美容）業に就いている。それに対して、トンボイの場合、一四歳から二七歳までであるが、一八歳と一九歳の三名を除き、通学中の学生・生徒・児童である。

ポリネシアの諸事例に比べると、「女になりたい男」だけでなく「男になりたい女」（トンボイ）の存在が目立つ。その点で、フィジーの事例はインドネシアと共通点があるといえる。(8) 若者たちの間では、そのペアが誰と誰であるか、よく知られている。重度の高いガウリかトンボイのほとんどに、別のガウリかトンボイの性的パートナーがいるという（ただし表中には、あえてその具体的関係は記さなかった）。

ある青年のインフォーマントによると、ガウリ同士の同性愛的ペアはあるが、トンボイ同士のそれはほとんどない。要するに、肉体的に女性であるトンボイの方が、同性愛的な行動をとらない傾向があるということである。そのため、結果的に異性の組み合わせが多いことになる。

また、トンボイには、比較的若い時期にトンボイを止めて、「女性」に復帰する傾向もある。表6－1で確認できるように、重症とされるトンボイは二〇歳以上に多いが、その場合でも、全員、学業に就いているし、二八歳以上のトンボイは知られていない。同様の傾向はガウリにもある。現地で「独身期」（一四歳から二九歳）とされる時期を青年期と便宜的に呼ぶなら、ガウリとトンボイは、ほぼこの青年期に集中している。

ただし、表には示されていないが、三〇歳以上のガウリ／トンボイが全くいないわけではない。独身のガウリがスヴァの市街地に二名いることが知られている。同性結婚が法律的に禁じられていることもあり、少なくとも表面上は、結婚しないで一生、「独身」でいる。このような「死ぬまでガウリ」（ヴァカンドゥアと呼ばれる）の例は、ごく稀である。

同じスヴァ市内でありながら、筆者の調査地では、先にホワイトが報告したワンドゥアという言葉は聞かれなかったが、それがヴァカンドゥアと同じ意味であることに注意を促しておきたい。ヴァカは、日本語で大きい意味のデカイをバカデカイと表現するように、ドゥア（*dua* 一の意味）を強調する語頭の働きをする。したがって、ヴァカンドゥアは、男性性と女性性が「一つ」に統合された人格の意味と考えられる。特にそれは、とりわけ重症のガウリとトンボイを指し、すでに障害にも見える段階といえる。

筆者のよく知るインド系小学校の先住フィジー人の女性教師は、クラスに「男の子が突然、女の子のような声を出すことがある」が、「女の子になりたい男の子がなぜできるのかよくわかりません。おそらく生まれつきのものでしょう」と述べた。クラスでいじめにあうこともあるが、日常生活で差別されているようには見えない。

また、ガウリやトンボイに分類される子供でも（女性なら）ボーイッシュという程度のトンボイも含まれる。筆者のよく知る、養女として育てられた一四歳の娘（当時）は、小学校最終学年の八年生であった。彼女はふつうの娘がするような長髪を嫌って短髪にしている明るい性格の女の子だが、トンボイに分類されていることは自身も自覚していた。家では親の家事も農作業も手伝う。ラグビーなどの男子の遊びが好きで、友達も男性五人と女性二人だという。「女の子はゴシップが多いけど、男の子は気性がさっぱりしていて良い」と筆者に語った。将来、男性の仕事と見なされているパイロットになりたいが、なれなければふつうの「女性」に戻り、女性の職業に就きたいという。

4．成長段階と人生の選択

（1）子供期の四つの人生段階

それでは、なぜ、一〇代と二〇代でガウリ／トンボイがほぼいなくなり、三〇歳前までに本来の性に「復帰」してしまうのだろうか。ここで、筆者のフィジーでの調査経験を踏まえ、その第三の性の意味を、いくつか考察してみよう。特に、子供の成長過程に関する現地の人々の理解と、個人の人格形成についての固有の認識の仕方に注目したい。

フィジーも、ポリネシアの多くの諸社会と同様、伝統的には、性別役割分業が明確な社会であった。現在でも男性の陸（土）の仕事と女性の海（水）の仕事の分業の理念は存在するが、都市化の進行とともに、先述のように、現実には夫婦で海産物を捕って市場に出荷するような光景も目にするようになった。

それでは、伝統的には子供はどのように位置づけられてきたのだろうか。確かに、子供は名称のうえで、女の子（*gone yalewa*）と男の子（*gone tagane*）に区別されるが、そのどちらにも子供（*gone*）という言葉が含まれている。つまり、ちょうど日本語で男の子と女の子が共に「子」であるように、フィジー語でも、子供は男女とも成人からカテゴリー的に区別されている。また、「子供」は、そのほかにも相当に多義的な意味をもつ。

まず、胎児は、形が明確になる五ヶ月目から子供と呼ばれるようになる。また、生まれてから四歳までは「小さい子供」であり、五歳から一三歳くらいまでの「大きい子供」からは区別されている。「大きい子供」の期間内に、少女は初潮祝いを、少年は割礼をおこなう。さらに、成人しても、未婚（独身）の間は一人前とみなされず「子供」とされる。未婚の男性は、コミュニティの政治集会などに出席することも、原則としてできない。

ちなみに、フィジー人の人生段階の区分では一〇年が単位になるので、幼年期（〇〜九歳）と青年期（一〇〜二九歳）が社会的意味での「子供」であり、たいてい三〇歳までには結婚する。[9] 逆に、三〇歳前の独身であっても、恋人との間に子供ができると、その子供の「父」または「母」と呼ばれるようになり、もはや子供としては扱われなくなる（未婚の期間にそのように呼ばれるのは恥とされている）。要するに、結婚して子供を持つことが大人の条件であり、たいてい三〇歳までにはそれを達成する。

子供は、父と母から「血」(*dra*) を受け継ぐ両属的な存在であり、家族内で両親の使い走りをして、両親と年長の家族を下から支える媒介的役割をもつとされる。その「子供」に子供ができると、「父」とか「母」と呼ばれるようになる。他方で、ちょうど神が夫婦を結ぶように、子供は天と結びつく神聖な存在とみなされるので、上から夫婦を支える存在とも考えられている（実際、「子供 *gone*」という言葉は、英語の sir のような、他者に対する尊称としても使用される）。要するに、子供は、上と下の両側から両親をつなぐ媒介的存在とされているわけである。

表6－1を見ると、三〇歳までにはガウリもトンボイも消滅しており、それが理念的な人生段階の区分にほぼ

対応している。要するに、フィジー人の人生段階意識では、未婚で職業的に自立していない理念的なモラトリアム期が三〇歳までとされているが、それに合わせるかのように、ガウリもトンボイもいなくなると推察できる。言い換えれば、二〇歳頃（フィジーの法律上の成人は二一歳）から、徐々にガウリやトンボイを清算し始めると推定できる。

二〇歳前後が青年期の一つの区切りであるということは、スヴァでも、あるインフォーマントの言葉で言えば、「一九歳くらいまでは未熟」とされていることからも分かる。伝統的な人生段階では、それは彼らの言う「独身期」の中間点に当たる。ボーイッシュな服装や頭髪をしていた娘も、この頃から短髪を止めて長髪に変え、職業ないし結婚相手を定め、女性として生きる道を模索するといわれる。また、表6－1でも確認できるが、三〇歳近くまでガウリとトンボイのままの事例もあるが、それは重度が高いとみなされている。

人生段階を一〇年単位で区切るフィジー人の人生観から考えると、三〇歳までという年齢は、胎児の段階を含む「子供期」の四段階のうちの最終段階ということになる。つまり、その四段階はいずれも「子供」と呼ばれる時期であるが、三〇歳は、胎児を基礎にして次第に成長し、完全な形（トヴォ）が完成する段階ということになる。これは筆者の仮定ではあるが、先の章で示した通り、同様の認識が、家屋、マット編み、人間関係の構成などにも存在する。ちょうど種から芽が出て、その根元（基礎）から次第に成長し、形の明確な植物になるように、子供も、性差が未分化で不定形な子供から、性差と性別役割が明確で完全な形になるように考えられていると推察できる。

この見方が妥当であるとすれば、成人男女の性差と役割の区別の明確なフィジー人社会では、そのどちらとも決めかねる（未決定の）「子供」の人生段階があったとしても不思議ではない。ガウリとトンボイ、あるいはそれと類似の存在は、その両性具有的で未分化な人生段階の表れの一つと考えることができる。

（2）未分化な人格とその統合

以上の筆者の考察が誤りでないとすれば、子供の成長段階そのものが、社会・文化・心理的に未分化なカテゴリーに対応していることになる。これは、個人の生物学的身体能力の発達と、教育・学習や訓練を通した社会的・知的能力の発達とを基準として子供を捉える西洋的な人格（personhood）の概念とは、大きく異なる。例えば、英語では、個人を individual というが、それは語源的には「*in-*〈否定〉+*dividu*〈分割〉+－*al*〈性質〉」の意味で、それ以上「分離できない・不可分な性質」のことである。ところが、フィジー語では、少なくとも概念的には、個人は個別の身体をもつと同時に、二つ（あるいは複数）の身体の統合体（dual unity）にもなりうる。言い換えれば、日本語の夫婦一体という表現で表されるような、個別の身体と人格をもつ夫婦（男女）を一体とみなすような見方が、フィジーにも存在する。

フィジー人自身が、しばしば筆者に語ったように、夫婦二人は同じ家に共に暮らすので一体である。つまり、夫婦は身体（個）を異にするが、二人の住む家を外側から見れば一つになる。一は多であり、多は一である。同様の論理は、一人の人格にも当てはまる。身体は体内に思考（男性性）と感情（女性性）をもつが、それを外から見れば一つと考えられている。その両者は（夫婦のように）対立することがあるが、その状態はフィジー語でロマロマルア（*lomalomarua*）と呼ばれる。これを文字通り翻訳すれば、「内側（*loma*）」（心の意味にもなる）が「二つ（*rua*）」の意味で、「体内の二つの心が葛藤している」状態をさす。要するに、それは心がまとまらず、決断できない（未決定の）意味になる。

繰り返せば、フィジー人にとって、子供という人生段階は、職業も結婚も性差も「未決定」で不安定なロマロマルアの段階であり、社会的に男性か女性かが、まだ完全には決まっていない状態と考えられる。それは、明らかに、性差と性別役割分業が明確な結婚後の夫婦関係とは、対照的である。彼らの言い方に従えば、子供は「(大人の)かたち(トヴォ)が明確ではない」段階である。同様に、ガウリやトンボイも、どちらの性であるかを決めかねている、「かたち」の定かでない、社会的に未分化な、迷える状態(ロマロマルア)の表れの一つと考えることができるだろう。(10)

子供の両性具有的特徴が、子供を、完全にはまだどちらの性とも決め難い(どのような形になるかわからない)未分化な存在とする見方と関係があるという見解が妥当であるとすれば、男性とも女性ともつかない行動をとる子供の存在は、逸脱的とみなされることがあるにしても、伝統的な子供観とは必ずしも矛盾しないことになる。

5. 子供の成長と両性の統合化

ここで、本論の冒頭でまとめたポリネシアの第三の性の特徴に戻ってみよう。上述の結論を繰り返せば、フィジー人の事例から見えてきたのは、子供のトランスジェンダー的行動と、どちらの性とも決めかねる成長期の心理的揺らぎの状態との関連性である。言い換えれば、子供のトランスジェンダー的な行動は、結婚や職業が明確になる(形が完成する)前の時期に生じる、自我の葛藤に起因すると見ることもできる。

そこからさらに敷衍して考察を進めるなら、重度の高いガウリ(身体は男性)とトンボイ(身体は女性)は、心の中にある二つの心が未分化のまま一人の人格に統合されたものと考えることができる。しかし、表6－1に示したように、大部分の迷えるガウリとトンボイも（本人が自覚的かどうかは別にして）、遅くとも三〇歳までには結婚し、心身ともに男女の性別役割分業の明確な社会の中に組み込まれる。

ガウリもトンボイも、結婚を模索する点では、ふつうの男女と大きな差は認められない。次に示す事例は、それをよく示している。

筆者の知るA君（当時二〇歳）は、ガウリでもトンボイでもない、農業を営むふつうの青年である。彼は、ガウリともトンボイとも恋人として交際したことがある。二歳年下の恋人のTはトンボイであったが、そのTも別のトンボイと交際があった。AはTと結婚の約束をしたのだが、婚約した後、同時に交際していた別の一歳年上の娘のWが妊娠していることを知った。AはWにTと婚約したことを告げたが、Tにはまだその件を伝えていない。Aは、まもなくTと挙式する予定であるが、Wとの関係が知れてTが結婚を拒むようなら、Wと結婚するつもりだという[11]。

この場合、トンボイのTも、結婚すると妻・嫁・母としての家庭と労働の性別役割の、より明確な社会へと組み込まれるようになるはずである。「結婚後はガウリ／トンボイであったことを忘れるのがふつう」と述べた一人のインフォーマントの発言が、その筆者の推測を裏づけている。他方、妊娠したが結婚はしなかった（あるいは結婚できなかった）女性の多くは、そこを去って親戚に身を寄せたり、どこかで働きながら子供を育てたり、あるいは子供を養子に出して働いたりする。実際、筆者は、そうした事例を、いくつも見聞している。

結婚相手の選択に関する通常の男女とガウリ／トンボイの関係は、兄弟と姉妹、オジ・オバと甥・姪、男性の仕事と女性の仕事のような、行動のタブーを伴う明確な異性関係とは対照的である。例えば、兄弟と姉妹は共食や会話をすることさえタブーとされるが、夫婦、イトコ、友人のような親しい関係は「一体」とされる。このように、特定の親族関係には厳しい忌避的行動を要求されるが、交叉イトコ（異性のキョウダイの子供同士）のような友好的とされる関係では、同性でさえ親密な関係となる。二つが一つの論理は、先に挙げた、同じ家に住む夫と妻の事例に示される。

その友好関係は、フィジー語でセマ（セマタ・ヴァタ *semata vata* を縮めた言葉で顔・目を結ぶ意味）と呼ばれる。それには節目や関節の意味もあり、夫婦のみならず、特別に親しい家族や親族・友人・集団関係を指す（第5章で説明したように、マットの編目がセマと呼ばれたことを想起されたい）。この意味での友好関係は、同性関係に限らず、氏族間、ないし島間の伝承上の一体的な友好的親族関係の意味でも使われる。

このことは、フィジー人の個人や自己（self）の概念が、上述のように、西洋のそれとは異なる固有の認識に立脚していることを示唆している。インフォーマントの説明によると、一人の体内には、男性と女性の二つの心（*loma*）が同居している。それは、「未決定」に相当する先述のフィジー語のロマロマルアに示されている。ロマロマルアは体内の「二つ（ルア）の心（ロマ）」が葛藤している状態を指すが、他方、その二つの心は統合されて一つ（セマ）になるとも考えられている。別様に言えば、体内の二つ（つまり両側）の心（self）は、第三者（身体の両側と頭）によって包まれ、上から支えられて一つに統合されることになる。

このような視点から見ると、サードネスの認識と論理は、フィジー人の身体から世界まで、すべてを貫く認識であることが分かる。例えば、陸（男性性）と海（女性性）は、天の神がその両側を包み込み、上から支えて、一つに統合する。同様に、夫婦は家長に、氏族の男女はその長に、村の男女はその首長によってそれぞれ一つに統合される。ある男性が筆者に語ったように、フィジーでは「すべてのものが一（*dua*）に行き着く」のである。

6. 媒介者と第三の力

以上のことから、第三の性（サード・ジェンダー）は、男性側と女性側を上から支えて統合する両側性とサードネスに連なる問題であることが明らかになる。次に、もう少しその問題を追ってみよう。

まず、図6－1の(1)を参照されたい。その一例は、両側の屋根を支える棟である。図のMは、屋根の頂点（棟）を表している。家屋の棟はドカ（尊敬の意味）と呼ばれるが、それは祖父母（夫婦）に相当する言葉で、屋根の両側を一つにまとめて全体のバランスをとる中心点と考えられている（第4章参照）。それは夫婦の支え合いと統合（セマ）の意味に重なる。要するに、フィジー人の見方では、棟は、屋根の両側から集まる力を上からまとめて支え、逆に家屋の両側から集まる力を一つに統合する第三者的な力である。

以上のような図式に照らして、人間関係の第三者的力を探すなら、フィジー語のランベ（*rabe*「跳ねる」意味もある）がそれに当たるだろう。ランベは、「両側の生命力を移動させる力をもつ人」とされ、人と人を結ぶ社会的役割をもつ。例えば、首長に訪問者があると、取り次ぎ役をするマタニヴァヌア（伝達者の意味）は、ある種のランベである。第3章で論じたカヴァの儀式におけるマタニヴァヌアがその一例である。マタニヴァヌアは、地位こそ首長より低いが、首長と訪問者との間を媒介する役割をもつ。図6－1の(2)に示したように、マタニヴ

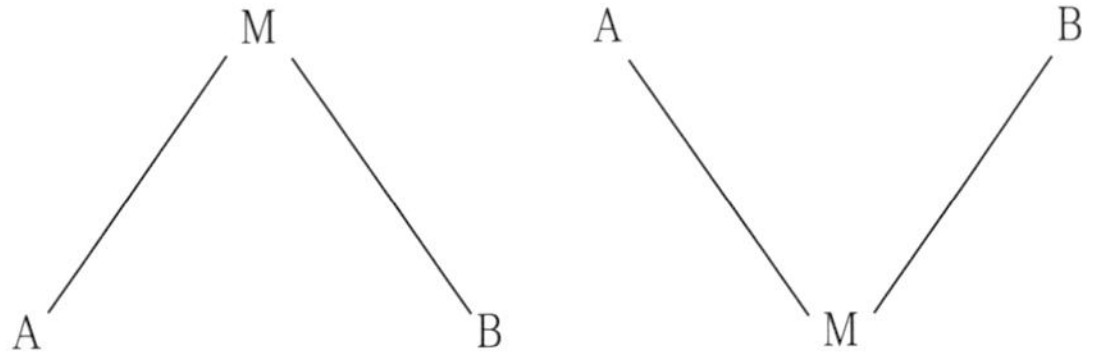

(1) 媒介項が上の場合　(2) 媒介項が下の場合

図6－1　第三の力の認識モデル
Mは両側（AとB）の媒介

ァヌアは首長（図のA）の次に杯を受け取って飲むが、それは副首長やゲストのような首長の次の地位の人（図のB）を媒介し、カヴァの生命力と首長の聖なる力（マナ）を移動させる役割をもつ。この場合、マタニヴァヌア（図のM）は、AとBの両側を下からまとめて支える媒介となる。

両側の包摂と統合に関して住民が説明した、もう一つの例を付け加えてみよう。開いた笠の中に男女二人が入っている様子（相合笠）を想像していただきたい。その笠の頂点（図の6―1の(1)のMに相当）が、その男女（図6―1の(1)のAとBに相当）を結ぶ媒介者である。その頂点のMは、先に挙げた屋根の棟のように、天の側から両側を結び、笠の内側を包み込んで統合する第三の力である。つまり、天の側にある笠の頂点は、その内側に入る男女を結ぶ第三の力（天の神）に対応する。

図6―1の両側の統合（媒介）のイメージを、一人の人格に置き換えることも充分可能である。実際、フィジー人自身が、「頭」を身体の内側を包み込んで上から支える中心点と考えている。先に説明したように、体内の二つの心の葛藤（ロマロマルア：未決定の意味）を統合するのは頭とされている。その意味で、フィジー人の第三の性（ガウリ／トンボイ）は、冒頭で紹介した病理説、家庭の生育環境、あるいは社会的逸脱説、境界の性説では、充分に説明できない。むしろより広く、神と人に関わる自然環境、社会関係、身体観と自己認識など、トータルな生活世界を貫く、プロトタイプ的な第三の力の認識に関連のある問題と考えた方がよい。

ここで、フィジー人のガウリ／トンボイが、先に述べたように、ワンドゥアとかヴァカンドゥアとも呼ばれていたことを想起してみよう。ワンドゥアの「ワ」には、カヌーが人の命や荷物を運び、血管が血液を運ぶ通路になり、結んだ紐が両側を一つに統合するように、生命力を移動させたり統合させたりする結びの力に通じる意味がある（カヌーも血管も紐も *waa* と呼ばれる）。より抽象的には、両側（ないし複数のモノ）を統合する結節点は、

「数字の一（ドゥア）」に収斂される。

以上の諸事例から考えると、フィジー人の第三の性は、性転換者（トランスジェンダー）というよりは、むしろ「両性が統合された性」（両性具有）に近いといえる（天の中心の神と子孫を結ぶ祖先の両性具有性については次章で詳述する）。

本論の最初で述べた、ファファフィネ（サモア）やファカレイティ（トンガ）の第三の性の特徴は、概してフィジーにも当てはまる。また、筆者が先に検討した第三の性の媒介者としての役割は、タヒチのマフーの「女写し」（男女間の不平不満をそれとなく相手に伝える媒介者の意味）[12]という言葉に端的に示されるように、ポリネシアでも顕著な特徴の一つである。

トンガでも、ベスニアが、ファカレイティを仲介者（go-between）と翻訳している。[13]同様にマゲオも、サモアのファファフィネが恋の仲立ちをすると述べるとともに、フィジーのランベに相当すると考えられるソア（*soa*）を、仲介者（go-between）と呼んだ。[14]マゲオの報告によると、ソアは誰かの代理をするパートナーであり、尊敬と支援の関係であるが、時には性的パートナーにもなりうる。ソアがホモセクシュアルに偶然なる場合もあり、むしろ、少年はそうした同性愛的な経験をもつことを期待されているが、単なる遊びとみなされ、性交を学ぶ方法の一つと考えられている。

サモアのソアもファファヒネも、人間関係の仲介者という点から見れば、フィジーのランベによく似ており、両側を媒介する役割の文化的意味に共通点がある。しかも、ガウリやトンボイが、天や神のイメージに関連のある職業に就く傾向があるという、もうひとつの共通点がある。[15]

同様のことは、近代化に伴い導入された多様な職業についてもいえる。現代のサモアのファファフィネについて論じたクリスティアンは、サービス業、接待業、ホテル・航空会社など、外国に関連のある仕事とか、ダンサー、服飾関係、病院、教会などの仕事が多く、さらに、ストリート・ファファフィネやビジネス・ファファフィネのように、外国人と接触するファファフィネも増加したと報告している(16)。

繰り返して言えば、筆者は、その職業選択にみられる傾向の類似性は、「第三の性」と呼ばれる両性具有的・媒介的な性意識と、天の有する第三者的力の認識との共通性に起因すると推察している。

7. まとめ

本章の冒頭で述べたように、オセアニアの第三の性については、従来、生育環境説、病理説、境界の性説、社会的ストレス説などと呼ぶべき、多様な説が提示されてきた。それに対して本論では、フィジーのガウリ／トンボイなどと呼ばれる固有の範疇の存在を認めながらも、それを遺伝的・生物学的要因か社会文化的要因のどちらかに帰一させる解釈を避けた。

フィジーに関する上述の議論をまとめると、以下のようになる。まず、ガウリもトンボイも、男女の性カテゴリーを変換した性転換者(トランスジェンダー)というよりは、生物学的次元と社会文化的次元の双方を含む文化概念である。現地の人々自身も生物学的性差と社会文化的性差の違いを、よく承知しており、フィジー人のガウリもトンボイも、あくまで男に「なりたい女」または女に「なりたい男」であって、第三の性を必ずしも正常とは見ていない。

問題は、フィジー人が子供の身体的成長と人格形成を、多くの心理学者が想定するような「個」としての生物学的な心的・知的能力の発達過程から、必ずしも見ていないことである。遺伝的能力や学習による能力の発達の思考は明らかに存在するが、その基本的イメージは植物や貝の生長に関する彼らの認識に似ている。筆者のよく知る住民の説明によると、「目に見えないほど小さい貝の種も、大きくなると殻の模様と形が明確になる」。

同様に、植物は「種や芽のような形の不明確な状態から生長するにつれて、次第に明確な形になる」。この動植物の生長モデルから考えるなら、三〇歳（結婚と職業が明確になる理念的年齢）まで社会的に「子供」の期間であり、それまでにガウリもトンボイもほぼいなくなる理由が明らかになる。

その見方に誤りがないとすれば、ガウリやトンボイの多くは、子供から大人へと成長する過程において職業や性役割がまだ決まっていないモラトリアム期であり、性差の揺らぎのある期間といえる。

それではなぜ、同じ言語・文化圏にありながら、離島には目立たなかった第三の性が、首都のスヴァで増幅したのだろうか。その大きな理由の一つは、筆者の考えでは、都市化や観光地化が進行して職業が多様化し、その選択の幅が広がったことにある。伝統的には非産業社会であったフィジーでは、土器製作やマットなど、地方ごとの生産の分業と地域間の交換システムは存在していたが、自身の職業と性役割の選択に迷う状況は多くなかったと推測される。スヴァ市とその近郊でのトンボイやガウリの増加は、フィジーにおける男性的職業と女性的職業の選択の幅の多様化や、結婚に至るまでの「子供」世代のモラトリアム期の長期化に伴う社会的・文化的・心理的な揺らぎの増大に関係があると推察できる。

しかし、他のオセアニア地域のみならず、フィジー国内に関するデータさえ限られている現状では、そのより深い考察は、今後の研究の進展を俟たなくてはならない。

注

（1）ミード、マーガレット 一九二八（一九七六）。

（2）Shore, Bradd 1981.

（3）Mageo, Jeannette M. 1992.

（4）Besnier, N. 1994. ベスニアをはじめとするトンガのトランスジェンダーの研究史については、山路勝彦（二〇一一）に詳しい。なお山路は、ベスニアの見解に反対して、トンガではファカレイティと男性（*tangata*）が名称的に区別され、別個のカテゴリーであることに注目し、それを「生物学的範疇」は男であるが社会的範疇は女である存在と捉えた。また、山路は同論文で、「ファカレイティは家庭環境や本人の性格により次第に形成される。母親が息子に家事をしつけ、次第に女性の役割を身につけ、女の子と遊んでいると女っぽくなる」というインフォーマントの見解を引いている（同四九頁）。また、サモアのトランスジェンダーについては、山本真鳥（二〇〇四）に詳しい。

（5）Christian, Douglass D. St., 2001.

（6）White, Carmen W. 2005. pp.313-316. ホワイトには、他にフィジーの教育に関する論文がある（White 1977）があるが、これはフィジーの教育の歴史を文献研究でまとめたものである。

（7）山路勝彦 二〇一一、四〇頁。

（8）インドネシアの南スラウェシのブギス語系民族の間には、チャラバイ（女の心を持つ「男性」）とともにチャラライ（男の心をもつ「女性」）のグループがあるという（伊藤眞 二〇〇三、他）参照。

（9）スヴァでは、理念的に五〜一三歳を子供、一四〜二九歳を独身（*corovou*）、三〇〜六九歳を老人（*qase*）、七〇歳以上を長老（*tukai*）に分類していた。

（10）トヴォについての詳細は、河合利光 二〇〇九b、二四八〜二五一頁を参照のこと。

（11）このような事例を見ると、フィジーが処女性を重視しない社会のように見えるが、必ずしもそうとは言えない。実際、ポリネシアの各地に見られる花嫁の処女性を確認する初夜儀礼が、フィジーにも存在した。少なくとも、筆者が一九九〇年前後に滞在したころには、それを実行したという若者もいた。現在の状況は不明であるが、少なくとも当時は、そうした儀礼は、首長層の一部では現実のものであった（河合利光 一九九七、九〜一〇頁参照）。よく知られているように、思春期の男女の処女性の問題は、M．ミードの『サモアの思春期』をめぐる記述に対してフリーマンが批判した、いわゆる「ミード／フリーマン論争」の主要な争点であった（D．フリーマン、一九九五）。処女性に関して、フィジーにも同様の矛盾がある。

（12）ロバートソンは、ハワイ、タヒチ、クック諸島に存在するマフーと呼ばれる「男性」について、儀礼的状況で両性具有（mixed gender）になると報告した（C. E. Robertson 1989. 棚橋訓 一九九九、四九頁参照）。

（13）Besnier, N. 1994. pp.135-36.

（14）Mageo, Jeannette M. 1996. p.225.

（15）サモア研究者の報告（Ferran 2004. 山本真鳥 二〇〇四、倉光ミナ子 二〇〇二など）を見ると、ファファフィネが、看護師、教師、ウェイター、ダンサー、服飾のような女性的とみなされる職業のほか、キリスト教会、病院、ツーリズム、ホテルでのサービス業を好む傾向を読み取ることができる。

（16）クリスティアンは、西欧人と接触し始めた初期には、ファファフィネに関する報告がほとんどなかったが、ちょうど、外国人の客引きをするストリート・ファファフィネやビジネス・ファファフィネのような新しいタイプのファファフィネが最近、出現し始めたように、ファファヒネは、外国の影響で増加し始めたと考えている（D. D. St. Christian 2001. pp.32-3, 198-201.）。ベスニア（2002）もまた、トンガのファカレイティとビューティコンテストを外国の影響から捉えている。

第7章

神が創った現代世界

キリスト教化のなかのトーテミズム

写真7－3参照。

1. 首都に生きるトーテミズム

本書の最初の二つの章で、筆者は、観光ガイドブックや観光ルートについて論じた。ここで、もう一度、この問題に戻ってみよう。そこでは、ヴィティレヴ島のヴンダ岬に到着した最初の祖先が島の中央北側にあるナカウヴァンドラ山に移動し、そこからその子孫が東方のヴェラタ／スヴァ方面から離島に移住して行ったという伝承が、現代のフィジーにおける都市の位置や観光ルートと重なることを確認した。そこに、「側」と「支え合い」の認識や、両「側」を上から統合する始源的力の「伝統」を読み取ることは容易である。

ここで注目しておきたいのは、ナカウヴァンドラ山に住んだというデンゲイ神が、蛇神として信仰されてきたことである。デンゲイ神はヴィティレヴ島の中央の山頂に住み、スヴァ側とナンディ側、東側と西側の両側を上から支えて統合するサードネスの意味に関連があると、筆者は推察している。その天の中心性と始源の力は、その山がナカウヴァンドラという植物（パンダヌスの木）の名で呼ばれるだけでなく、デンゲイという蛇（動物）でもって表象されるからである。

このように動植物を祖先として祀る信仰は、学術的にはトーテミズムと呼ばれる。その伝承上の最初の祖先は、後に詳述するが、デンゲイⅡ世とルツナソンバソンバの二人である。オヴァラウ島のブレタに最初に到着した女祖が、そのルツナソンバソンバの娘とされていたことは、すでに第2章で紹介した。祖先の移住伝承が、祖先の始源の記憶やトーテミズム信仰と深く結びついていることは、ここからも明らかである。

一九世紀の後半の西洋の人間諸科学において、トーテミズムほど挑戦に値する不可思議な問題は無かったであろう。生物としての人間の心と遺伝的能力の普遍性と斉一性は早くから理論的に措定されていたが、特定のトーテム動植物を自身の祖先として崇拝する人々の思考は、そうした前提に疑問を投げかけるものであった。

周知のように、一九世紀の進化主義人類学では、それは、未開の人々の未発達で幼稚な心性を表す証拠と考えられた。二〇世紀初頭に社会学者のデュルケームはトーテミズムを論じて、それを社会進化の原初形態と捉え、個人心理を超える社会現象として、社会の連帯性を強化するための集団表象と考えた(1)。他方、精神分析学ないし深層心理学を確立したフロイトは、人類学のその進化主義的理論を支持し、トーテム崇拝と神経症患者の幻想との類似性に着目して、それを古代から現代まで続いている人類普遍の無意識と捉えた。つまり、トーテミズムを文化進化の原初段階の心性と考え、さらに、現在まで系統発生的に受け継がれ、神経症患者の幻想や幼児期の子供の発達段階の途上に潜在すると考えたのである(2)。

その後、ラドクリフ＝ブラウンはデュルケームの影響を受けて、トーテム種の食のタブーの社会的効用を自然の資源保護に求める機能主義的理論を提示したし、構造人類学のレヴィ＝ストロースは、フロイト的な深層心理学的説明とデュルケーム的な集団表象論を否定して、自然（トーテム）と文化の二項対立的・互酬的な無意識の構造の解読から、人間の思考の普遍性に接近しようとした(3)。

このように、トーテミズム論はまさに、各時代の人間諸科学の理論的転換期を代表するテーマであった。しかしその後、グローバル化と文化の歴史性や政治性を重視するポスト構造主義的動向が支配的となるなかで、伝統文化とみなされたその種の研究は下火になっていった。とはいえ、そのトーテミズムの意味がすべて論じ尽くされたというわけではない。以下では、筆者が近年滞在したフィジーの首都のスヴァ市の一画で収集したデータから、トーテミズムの現代的意味を新たな視点から捉え直してみることにしたい(4)。後述するように、フィジーのスヴァ市郊外の日常生活にそれが生きており、無視できない重要性があると考えられるからである。観光立国フィジーの首都、スヴァに生きるトーテミズムの研究は、近代化、政治経済のグローバル化に伴う伝統文化の断片化、宗教の世俗化というポストモダニズムの前提に疑問を投げかけるものであろう。そこから、文化の変化と多様化の進む現在的状況の理解に、ひとつの回答を与えてくれるかもしれない。(5)

2. 国家統合とカウニトニ神話—祖先・蛇神の移住伝承

さて、西欧人と接触しはじめた頃、フィジーは七つの国に分かれていたといわれる。したがって、それぞれの地方には独自の伝承が伝えられていたと考えられるが、フィジー人の神学者のトゥウェレによると、(6)フィジーを訪れた初期のキリスト教宣教師の記録には、ほとんど移住伝承に関する記述はなかった。フィジー人の移住伝承が初めて記録されたのは、一八九二年に人類学者のトムソンがカウニトニ神話を発表し、さらにウィリアムズの著書『フィジーとフィジー人』(一九八二年、初版はロンドンで一八五八年)がフィジーで刊行されて以後のことである。(7)ウィリアムズの本は、フィジーのナショナル・アイデンティティと結びつき、多くの読者を獲得したという。

トムソンが記述したのは、火渡りの儀礼で知られるベンガ島の一地域のインフォーマントから得た資料であったが、一九六〇年代に、当時のヴェラタ(Verata かつてはヴィティレヴ島東部にあった王国のひとつであった)の最高首長のキティオネ・ヴェシクラがラジオ放送でヴェラタの神話を語り、それ以後、カウニトニ神話は揺るぎないフィジーの歴史伝承としての地位を確立したという。

このことは、フィジーの国家形成の過程で、各地に伝わる先住フィジー人の移住伝承が再編成され、国家的規模の伝承に統合化されていったことを示している。その伝承の形成と普及に、人類学者の研究、政府刊行物、メソジスト派のキリスト教会、民衆の国家的アイデンティティを求める要求の増大といった、種々の要因が深く関与していたと考えられる。

それでは、カウニトニ神話とは、どのようなものなのだろうか。少し長いが、トゥウェレの記述を要約して紹介する。

フィジー人の最初の祖先は、まず、中近東のテヘランからイラクを通って紅海に入り、そこからエチオピアを経てタンガニーカ湖畔に定着した。そこにフィジーに因んだ名前をつけ、さらに奥地に進み、そこから海岸方面へと移動した。そこでカヌーを造ったのが、大工のカウニトニであった。カウニトニは海を舟で漂流し、マダガスカル島から南アフリカに渡り、そこからさらに南アメリカに渡った。そして最後に辿りついたのが、メラネシアのパプアニューギニア、ニューブリテン島、ソロモン諸島であった。そのリーダーがルツナソンバソンバとその兄弟のデンゲイⅡ世であった。彼らは、一五〇〇年代から一六〇〇年代に、フィジーのヴィティレヴ島の西側にあるヴンダ岬（現在のナンディの近くにある）に移住した。そこからその島の中央北方にあるナカウヴァンドラ山の方面に陸路で向かった。リーダーのルツナソンバソンバは年老いていて、担荷で運ばれたが到着できずに途中で死亡した。海路で進んだデンゲイⅡ世の率いるグループが、先にナカウヴァンドラ山に到着し、そこで陸路で進んだグループと合流した。(8)

以上は、後にナカウヴァンドラ山から現在のヴェラタとスヴァ方面に移住し、さらに、離島へと拡散して行っ

写真7－1　ナカウヴァンドラ山の遠景

リゾート地のラキラキに近い（ヴィティレヴ湾のブレイワイにて）。この地域では、まだデンゲイ神に捧げものをする信仰が密かに続いているという。

たという移住伝承の一部にすぎないが、ここで、デンゲイⅡ世が、その山の北方にあるラキラキ地方の創造神とされ、山の洞窟に住む大蛇とされていることに、もう一度、注目しておきたい。この蛇が目を開くと太陽が昇り、閉じると太陽が沈むとされている。筆者は、ラキラキの近辺にも滞在したことがあったが、その地で、キリスト教化した現在でも、この神に密かに供物を捧げる人がいると聞いたことがある。[9]

その蛇神のカロウガタは、蛇（*gata*）の神（*kalou*）の意味で、祝福の意味でもある。蛇は土地霊のマナを持つとされ、そのマナを授かることは、神から「祝福」されることでもある。したがって、蛇はキリスト教のイヴを誘惑した悪魔の象徴ではなく、祝福を授けてくれる神聖な存在であった。トゥウェレは、それゆえ、キリスト教会は、神からその祝福を授かる場になったと指摘している。[10]

伝統的な祖霊信仰は、鰻、蛇、鮫のような動物を祖先とするトーテミズム的信仰であったが、キリスト教では、そうした伝統的神（*kalouvu*）の信仰を否定している。しかし、フィジー人の多くは、まだその信仰を捨てていない。[11] 例えば、鰻崇拝もそのひとつである。鰻は形が蛇に似ているため同一視されることもあるが、海（または川）と陸に分かれて住む点で区別されている（ただし海蛇は水中に住むが鰻からも区別される）。マングースが導入されて駆逐したため、ヴィティレヴ島に蛇はいないが、それが入らなかった離島には、まだ棲息している所もある。鰻は蛇に似ているため食べない人もいるが、逆に蛇を石蒸し料理の食材にしたり煮たりして食べる人もいるという。コロ島出身の、ある一人のインフォーマントによれば、鶏肉の味に似ているとされている。蛇はいるが、不思議と噛まれたという話は聞かないようだ。

筆者がかつて離島で聞いた話では、蛇も鰻も一般に水陸両生動物なので、どちらでも呼吸のできる生命力のある生きものと考えられていた。それは、いずれのトーテムにも共通した特徴である。

3．祖先観とトーテム崇拝

フィジー人の始祖のイメージは、半神半人的かつ半神半獣的であるとともに、両性具有的でもある。祖先が蛇、鰻、鮫、魚、植物の姿で語られることもあれば、動植物からある種の霊的な力、ないし生命力を授けられたと語られることもある。次に、筆者が聞いた事例をいくつか紹介する。

（1）火渡りの儀礼の祖、鰻のトゥイニモリワイ

筆者がスヴァ市の西方の一画に滞在していたとき、一人の氏族の長老が、彼の妻の母の出身地であるベンガ島のルクア地方に伝わる、ひとつの伝承を語ってくれた。彼はそこで長い間、ホテルの従業員として働いていたという。ベンガ島は、先にふれたトムソンの調査地でもあったが、裸足で焼いた石の上を歩く「火渡りの儀式」でフィジーの観光名所になっている。火渡りの能力は祖先の与えてくれた能力であり、その子孫には、火傷を治療

写真7－2　教師から昔話を聞く子供たち
バティキ島ムア村にある小学校の校庭にて。

する遺伝的能力があるという。

フィジーにはナンブ（*nabu*）と呼ばれる語り部がいる。子供たちは、このナンブから昔の物語を聞くのが好きで、その語り部に供物を捧げて語ってもらう。

昔、一人の少年が、語り部から物語を聞くための謝礼のココナッツやフルーツを探すために、森へ入って行った。その時、少年は川に一匹の鰻を見つけた。逃げる鰻を追いかけて捕えると、その鰻が少年に「私を槍で突かないなら何でも欲しいものをあげよう。金持ちにも有名人にもしてあげよう」、「もし私を槍で刺さなかったら、焼いた石の上を歩けるようにしてあげよう」と言った。少年がそれに応じたので、鰻はその少年に生命力（ブラ）を吹き込んだ（この行為をヴァカンブラ *vakabula* という）。この鰻が、その少年の子孫の始祖になったトゥイニモリワイである。

この伝承は、人間の始祖が鰻から火傷の治療能力を得る話であるが、そのストーリーから次のような特徴を指摘できるだろう。

①動物である鰻が人間の祖先とされる根拠は、鰻から人間に生命力が移されたことにあるとされている。鰻から与えられたそのパワーは、フィジー語でマナと呼ばれる。マナは、神から人間に与えられた聖なる力を意味する。

②神から授かった火傷の治療能力は、鰻を少年が「つかんだ」ことにより伝わったと語られている。つまり、少年が鰻を手で捕まえてタッチしたことで、鰻と人間の間に霊的な力（マナ）、つまり神の「遺伝」的能力が子孫に伝えられたことになる

③鰻から人間の子孫に伝わったマナの遺伝的能力は、「血」のつながりで表わされる。言い換えれば、「血」は鰻から後の世代に伝わる先天的能力のつながりを意味する。したがって、祖先の「血」は鰻から人間へ、始祖から子孫へと伝えられることになるから、鰻と人間は共通の祖先の「血」を引く「親族」となる。ここには、人間と自然（人間以外の生物）、心と物質を異質なものと考えて明確に区別するデカルト主義的発想は認められず、人間と動植物（自然環境）は、世界の創造主から与えられたのと同じ生命を受け継ぐ仲間ということになる。

（2）水で結ばれた三地域の始祖—鳥のタノンボ

スヴァの西方のワインガナケ地域に住む女性から聞いた家系の伝承に、次のような話がある。彼女は、この地域でも数少ないマラマヴク（*maramavuku* 知恵のある女性の意味で薬草の知識を持つ）と呼ばれる伝統的産婆であり、不妊治療や病気治療もおこなう。[12] スヴァ市内には近代的な病院があるが、今でも何らかの事情で自宅出産になる

こともあるので、産婆が助産することもある。伝統医療では、薬草も使われている。筆者が面会したマラマヴクは「町の医院で不妊を治療できなかったとき、マラマヴクに行くよう医師から勧められて来ることがある。食のタブーや夫との性交に関する指示を与え、森からとってきた薬草を煎じて、患者に二〜三ヶ月飲ませれば妊娠する」と語った。

彼女は、カンダヴのオノ島にあるナリコソ村出身の父方の祖母からパワーを「吹き込んで」もらい、その能力を継承したのだという。その能力は男女とも持つ先天的・遺伝的な能力だが、学習して実行することで有効になると考えられている。マラマヴクの能力を初めて獲得したのは、その村の始祖のタノンボ（Tanobo）だという。それに関連のある話に、次のような言い伝えがある。

フィジーには、島を超えた地域間の親族関係がある。始祖タノンボの出身であるナリコソ村は、以下のような伝承に基づき、バティキ島のヤヴ村、及びガウ島のラウニヴィア村と親戚関係にあるという。

昔、カンダヴにタノンボと呼ばれる祖先が住んでいた。タノンボは、神からパワーを「吹き込まれた」最初の祖先で、魚や鳥に変身する能力（天賦）を神から与えられていた。ある日、祖先のタノンボは（鳥の姿で）空を飛び、カンダヴのオノ島からバティキ島へ向かった。バティキ島のヤヴ村に近づくと、そこに一つの泉を見つけた。タノンボは、大きな葉を容器にして、その水をカンダヴまで持ち帰ろうとした。カンダヴに帰る途中、ガウ島の上空で水が葉からこぼれ、島の砂浜（地名：Nukukatura）に落ちた。今もそこには、水の湧く場所（地名：Waiqaranigau）がある。この三つの地域は「水」で結ばれた親戚であり、今もそれぞれの土地に、それを記念する石があるという。

マラマヴクの能力は先天的・遺伝的な能力と考えられているので、彼女がそのパワーを父方祖母から受け継いだ時には特別な儀礼をおこなわず、生前中に知識として祖母から学習しただけであったという。彼女は、自身の娘の一人に、いずれ、マラマヴクの知識を伝える予定だと述べた。その能力はその家系の財産と考えられている。

しかし、鰻を捕えて生命力を吹き込まれたという先述のベンガ島の伝承のように、親が娘にタッチして能力を移す事例もある。タノンボの伝承にも登場したバティキ島のヤヴ村に筆者が滞在していたとき、ヴェイソリソリ（*veisolisoli*）と呼ばれる儀礼を記録したことがある。彼女はタイレヴ州のヴェラタ出身で、この島の首長氏族に嫁いだ（調査当時、彼女の夫は首長の弟であったが現在は首長になっている）。彼女は喉の病気を治療する能力があるとされ、その治療法をヴェラタに住む母親から教わったという。彼女が一〇歳を越えたころ、母親が彼女を呼んで手を取り「私の能力があなたに伝わりますように」と儀礼的に唱えた。この儀礼の名前は「天賦」（ソリソリ）を「与える」（ソリ）意味をもつ。実際、彼女は「祖先の源・基礎（*vu*）が（自身に）移って伝わった」と筆者に語っている。これは、母が娘に身体的接触（握手）をすることで、母を介して祖先の治療能力が娘に「吹き込まれた」行為と見てよいだろう。

タノンボが同じ水を三個所に落としたという上述の伝承は、共通の祖先（鳥）の生命力（マナ）が三つの地域で受け継がれ、互いに親戚になった事例と解釈できる。現地で確認したわけではないが、「水」という生命力そのものが地域間の親族関係を形成する「血」と同じ意味をもち、その水を運んだ鳥が、三地域の子孫の共通のトーテムになったと考えてよい。

（3）犬をトーテムとする事例

筆者がスヴァ市で得たデータから、犬をトーテムとする、ある村の副首長氏族の事例を検討してみよう。トーテムである犬とその一族の関係は、比較的新しく形成された。それを語ってくれた青年によると、彼の祖父は妻方居住でこの地へ移ってきたので、副首長氏族は祖父の父系の子孫の家が一戸あるだけである。その伝承では、次のように語られている。

ある日、祖父が山で道に迷った時、犬がやってきて方角を教えてくれた。その後、祖父がヴィアの木（*via* 食用にもなる花をつける木）を切り倒し、その切り株の処で寝ていると、祖父の夢の中にその二匹の雌雄の犬が現れ、犬の血を「贈り物として与える」（*soliya na loloma*）と祖父に告げ、その血を飲むように言った。翌朝、祖父が目を覚ますと、赤い水の入った容器が置いてあったので、それを飲んで再び眠ってしまった。こうして、犬のパワーが祖父に伝えられた。

ここで、犬が祖父に与えた「血」は、犬を通して祖父の体内に入った神のマナである。つまり、祖父が犬の血を直接、体内に飲み込むことで、犬と人間との間に「血」のつながりが形成されたことになる。家の周りに祖父が植えたヴィアの木も、犬との系譜的連続性をイメージさせる。木に相当するフィジー語のカウは、先にパワーと翻訳したカウカウワ（*kaukauwa* 強い意味）と同じ意味に由来する。「カウカウワを与える」という言葉は、すなわちマナ（聖なる力）を授ける意味である。土地は人間が死んでから埋葬される場所であり、人間は土から生まれると考えられてきた。したがって、人間・動植物・自然環境（土）の間には、生命循環と祖先から子孫に伝えられる「血」のつながりの連鎖の理念がある。

それゆえ、人間の治療能力や学習能力、あるいは素質や人格は、個人が親の世代から受け継ぐ遺伝的能力と考えられるが、その能力の源は天の中心の神に由来し、神が創造した自然的能力や特徴の一部である。トーテミズムの意味もまた、そうした自然観の一部と見るとき明確になる。実際、インフォーマント自身、犬と始祖との血縁関係について、「これは（神からの）贈り物」であり、マナであり、祖父に譲られた犬の血（カウカウワ）だ」と筆者に語っている。

トーテム動植物を人間と天の中心の神との媒介的（第三者的）存在と捉えるとき、従来のトーテミズム論が不問に付してきた問題、例えば「病気」をトーテムとする事例がフィジーに稀にある理由も、よく理解できる。病気の「血筋」は、祖先から伝えられた「血」（能力）を意味すると推察できるから、それも神が子孫に贈ったマナということになる。

このような立場から見ると、フィジー人のトーテム動植物は、しばしば想定されてきたような、人間の心身を超えた次元に存在する、単なる自然の模倣（記号化）でも社会の統合の象徴ないし集団表象でもない。鰻のトゥイニモリワイから吹き込まれた生命力（遺伝的治療能力）、鳥の祖先タノンボが子孫に与えた水、犬が祖父に伝えた血は、いずれも天の中心の神と子孫との「血縁」的なつながりを表している。その両側を結ぶ動物の姿をしている祖先は、人間とも動植物ともつかない、未分化で両性具有的な第三者（サードネス）的意味をもつ。

4．トーテミズムのキリスト教化

（1）トマニイヴィ神話―トーテム植物の起源

筆者は、自然・社会・文化・人間を貫く生命力の循環モデルを「ライフシステム」と呼んだことがある。[13] フィジーのトーテムは、自然界と人間界を媒介するライフシステムの結節点と考えて、さしつかえないだろう。それでは、それが、どのような論理でキリスト教とつながるのだろうか。

植物を連想させる祖神に関する神話に、トマニイヴィ神話と呼ばれる双子の海蛇の神の話がある。[14] この神話は、夫と妻の両面を一身に備えたトマニイヴィから、夫側の子孫と妻側の子孫が分かれ、さらには妻のトマニイヴィから生まれた異性の双子のキョウダイの男系（兄弟）の子孫と女系（姉妹）の子孫が結婚するという理念（典型的には交叉イトコ婚）の始源を説明するものである。その神話を要約すると次のようになる。

昔、始祖のラツマインブラ（生命の始源の意味）の子供にトマニイヴィと呼ばれる両性具有の祖先がいた。トマニイヴィには双子の子供（男女の海蛇の神）がいた。ある日、母のトマニイヴィとその子供たちは、菜園に行って、熟れているバナナを見た。双子が母にねだったので、母はバナナを双子に与えて食べさせた。バナナの束を初収穫物で捧げるまで食べてはいけないという禁を侵したので、男性のトマニイヴィがそれをリーダーである父親（双子の祖父）に報告した。彼は怒って、男性のトマニイヴィに妻子を追放するよう命じた。男性のトマニイヴィは、妻子を追いかける途中でヴンガ（*vuga*）の木の中に入って消えた。母は逃げたが、身を隠した草が成長して二つに分かれた（その植物はイヴィの一種である）。

神学者のトゥウェレは、こうした神話伝承の存在を論じて、男性性と女性性を超える統合的（両性具有的）な（キリスト教の）神のイメージの創出の必要性を提唱している。[15]

（2）氏族のトーテム植物

筆者のスヴァの調査地でも、先述のカウニトニ神話のように、フィジー人は、すべて南アフリカから移住してきたルツナソンバソンバの子孫であるという語りが聞かれる。さらに、植物の中に人間が隠れ、その植物が別々のグループに分かれたとするトマニイヴィ神話にも似た人間と植物の関係の始源を語る伝承も、現実にスヴァのローカルな暮らしの中に生きている。

一般に、祖先を共通にする各氏族は、空・陸・海に住む動物・植物・魚をトーテムとしている。筆者のインフォーマントも、動物（鳥を含む）・植物・魚の三種が、空・陸・海の支え合いの関係を表すと述べた。彼らの見解によると、祖先を共有する集団は同じ動植物をトーテムとして所有するが、トーテムとしての動植物は、同じ祖先の系譜を引くゆえに同じ親族とみなされている。そこには、先述のカウニトニ神話やトマニイヴィ神話、あるいは民間に伝わる伝承と共通性のある、同じ生命の源から分かれて「血」を受け継いだ仲間としての意識が存在する。

以上のようなトーテム的祖先のイメージは、王ないし首長にも存在する。現在でも、各父系氏族（祖先を共通にする父系の子孫の集団）は、それぞれの動植物（主に魚・獣・鳥・植物）をトーテムとして所有する（各氏族のトーテムは、政府の役所に登録されている)。各地域・集団の氏族の長は、自身の出身地との系譜的つながりのあるトーテムを通して、天の中心の絶対神にまで遡る系譜をたどり、逆にその系譜を通して、住民に神の力を与えると考えられている。

その典型が、先に紹介したマラマヴクとかタッタラ(*tattara*)と呼ばれる治療師である。タラに「許可」とか「接触」の意味があることからも分かるように、治療師の役割は神の力を患者に移動させて、患者を「手当て」(タッチ)することである。[16] 現代では、村落会議で指名されて、政府のヘルスワーカーを兼ねている治療師もいる。ヘルスワーカーは、伝統医療従事者であるだけでなく、看護師の補助をおこない、厚生省から出される薬を患者に与える資格をもつ。先に述べた助産や不妊治療をするマラマヴクも、そのタッタラの一種と考えてよい。

ベンガ島の鰻から伝わったという火傷の治療能力の場合、天の神の力が、トーテム的祖先(鰻)を介して人間に「遺伝的」に受け継がれたとされる。その能力は男女ともあるとされるが、ちょうどトマニイヴィ神話がそうであったように、男性(陸・土地の所有)よりは女性の方が、学習してその能力(水・生命の再生産と病気治療能力)を受け継ぎ、実践する。キリスト教のアダム(男性)とイヴ(女性)、聖母マリアとイエス・キリストの創造神話も同様の図式で解釈され、受容されたと考えられる。

(3) キリスト教の創造神話のフィジー化

メソジスト派の牧師養成学校に通ったことのある一人の先住フィジー人の男性は、キリスト教の創造神話のアダムとイヴについて、筆者に次のように説明した。

始源の神(*vu*)はまず、男性のアタマ(*Atama*)を土から造って霊を吹き込み、世界の世話をするよう命じた。

アタマが孤独だったので、神はアタマの肋骨からイヴィ（女性）の身体を造った。次に、神はまた、アタマの「水」（精液＝土）を女性の体内に入れて胎児をつくるため、アタマとイヴィの生殖器を造った。

これは、人間が死ぬと土に還り、後に土から生まれてくるというフィジー人の伝統的な死生観にも通じるものである。アダムは（陸の）土から造られてアタマと呼ばれ、イヴは川の水と生命を連想させるイヴィという名で呼ばれる。イヴィは、先述のトマニイヴィ神話において母親が隠れたとされる植物の名前と同じであるだけでなく、水辺に生える可食の実をつける植物の名前でもあり、同時にまた、膵臓の呼称でもある。イヴィには、疑いなく、水＝生命力の連想がある。また、アダムがアタマと呼ばれるのも、おそらく偶然ではない。インフォーマントは、アタマはタマタ（*tamata* 人間）に由来する言葉で、頭と始祖（*vu* 生命の源）の意味があると説明しているからである。いずれにせよ、アダムを、父系的に連続させる始祖の男性（アタマ）とみなし、イヴをイヴィに、陸（土）を男性に、海ないし川（水）を女性に対応させることで、フィジー人の伝統的な世界観と整合させたと考えることができる。

写真７－３　キリスト教会（メソジスト派）**の代表メンバーの集い**（バティキ島ヤヴ村）

度々述べたように、キリスト教化された先住フィジー人にとっては、今でも天の中心の神が、すべてのマナの力の源泉（生命の基礎）である。実際、多数派のメソジスト派だけでなく、アセンブリー・ゴッド、カトリックなどの多数の宗派がフィジーにはあるが、親子で別の宗派に属することもある。「宗派が違うと争いが起きないか」という筆者の質問に対して、彼らは「母は違うが、宗派は違っても神は一つ」「万能の神の子、キリストを信じることでは同じ」「どの宗派に属するかは個人の選択の問題」と答えた。宗派の違いは、ピアノを使う、ギターを使う、ギターを使わないといった、儀礼の際の流儀の違いと捉えられている。要するに、天の中心の神を信じるなら、宗派の「かたち」を超えて

写真7－4　母屋の寝室と居間を仕切る壁に掛けられた写真
最上部にキリストの写真がある。その他の多くは、親族の写真。フィジー人の家庭では、よく見かける。（ブレイワイ）

写真7－5　アセンブリー・ゴッド教会（コロヴォオウ）

「同じ神と伝統を共有する」とみなされるのである。

伝統的なトーテム的祖先神（*kalouvu* 蛇・鮫・鰻などの姿をした祖先）は、天の中心の万能の神と、この世の人間とを結ぶ媒介的存在であった。この点で、蛇に誘惑されて禁断の木の実を食べ、エデンの園を追放されたアダムとイヴのキリスト教の動物観とは異なり、フィジーの蛇（*gata*）はカロウガタ（*kalougata* 祝福）を授けてくれる存在である。そもそも、カロウそのものが、天の神を指す言葉である。

イエス・キリストだけでなく、イギリスのエリザベス女王の写真がフィジー人の各家庭に飾ってあるように、あるいはイヴがイヴィ（姉妹の女系の祖）に置き換えられたように、先住フィジー人の伝統的宗教から区別されながらも、天の中心の神の祝福（カロウガタ）を人間の子孫にもたらす神として位置づけられたと考えられる。言い換えれば、フィジーでは、キリスト教化により伝統的な祖霊信仰は表面から姿を消したが、デンゲイ神（蛇）、ダクワンガ（鮫）、トゥイニモリワイ（鰻）のようなトーテム的祖神（カロウヴ）を、今も完全には捨てていない。しかも、天の中心の神は、今も天地創造の絶対神であり、人々の生命と幸福の源泉であり続けている。

現在のフィジーでは、伝統的首長とキリスト教の牧師は、それぞれ伝統文化と西洋文化を代表する別個の役職であるが、結婚式、政治集会、葬式などの日常生活の儀式の場では、共に出席して会場の上座に座る協力的な関係にある。各地域には、集落や町の中心にキリスト教会が建てられていて、人々は、事あるごとに、正装して聖書片手に教会へ向い、祈りを捧げる。しかし彼らの祈願の主な目的は、既述のように、キリスト教の神を通して天の中心の神からもたらされるマナ的力（カロウガタ、つまり祝福）を得ることにある。

要するに、かつてはトーテム動物が担っていた祖先の役割がキリスト教の神に置き換えられ、天の神と祖先、祖先と子孫の系譜関係を新たに再編することで、西洋起源のキリスト教を、先住フィジー人の固有の身体観や生命観の中に組み込むことができたと推察できる。

文化人類学では、遺伝や素質、人種的能力と学習環境について、すでに膨大な研究がある。しかし他方で、個々の民族文化において、それを現地の人々がどのように理解しているかについての調査研究は、知りうる限りごく稀である。確かに、血・肉・骨・精液・体液のような身体サブスタンスの継承や身体間移譲に関する研究は多いが[17]、それはあくまで現地のデータを解釈し、人間関係や社会文化的カテゴリーを説明するための研究者の目を通した分析概念であり、研究対象とされる側の人々自身が、そのエスノサイエンス的な民俗遺伝学的知識（遺伝・学習・素質等の個人の能力）をどのように経験的に理解し納得しているかについて、報告することは少なかった。

研究者の目には宗教的ないし非科学的な「宗教」に見える認識と論理にも、現代科学が発達する以前から、経験的に推論することで形成された、ある種の「科学」的な遺伝的知識が広く存在していたことに、もっと目を向けるべきだろう。すでに明らかなように、フィジーのトーテミズムも、単なる未開の宗教や集団分類の記号というよりは、トーテムと人間との生命のつながりや民俗遺伝学的信念に関わる問題と考えるとき、理解が容易になる。

5．天賦・遺伝・学習能力

キリスト教の普及した社会におけるトーテミズムの問題も、近代と伝統、合理性と不合理性、科学的と宗教的といった研究者側の先入観を、現地での調査に持ち込みやすいテーマといえる。社会文化のキリスト教化、グローバル化あるいは近代化による見かけの変化から、伝統の消滅、伝統との断絶、混合化による変容を指摘するだけでは不充分である。その現状を、住民たちがどのように受け入れているかについて、住民の視点を重視しつつ詳細な民族誌的研究をおこなう必要がある。

以下で検討するのは、従来の研究では比較的等閑視されてきた、心身レベルでの個々人の天賦（神から与えられた能力）・遺伝・学習に関する文化的理解の問題である。フィジー人は、「血」は神から付与された遺伝的能力であるが、個々人の学習と努力が加わって有効になると考えている。その能力は、さらに、天賦（*solisoli* 神から与えられた「贈り物」の意味で遺伝的能力とされる）と才能（*tarendi* 英語のタレント）に分けられる。例えば、首長や牧師の職は神からの天賦であって、努力したらなれる能力ではないが、才能は努力によって身につけられる能力で、その能力と学習（*vuli*）を合わせて「血」と考えられている。後者の「才能」は英語からの借用語であり、新たに加わった概念である可能性もある。

いずれにせよ、人間の能力は、まず、神に系譜をたどる「血」という、出生による「生物学的」つながりを根拠として、それに個々人の学習・努力・生育環境まで含めた社会文化的な概念である。

以下の事例は、学習では獲得できない先天的な遺伝（天賦）的継承と考えられている事例である（表7－1参照）。

（1）土地の相続と国籍の父系主義

フィジー人は、物心ついた頃、親が子供に出身地とトーテムを教えるという。小学校で教員をしている一人の女性は、「この地域の小学校の子供たちは、自身のトーテムやタブー（フィジー語ではタンブー）についてはあまり気にしません。キリスト教の影響があるのではないでしょうか」と述べた。

しかし、フィジー全土で、それが根強く残っていることは確かである。トーテムの木は、自身の土地の所有と

表７－１　土地・国籍・生殖器の色・肌の色の相続継承

性別	土地相続・国籍	生殖器の色の継承	肌の色の継承
男性	国籍：父系主義 土地：トーテムと共に男性が相続（稀に母方から相続）	父から継承	母から継承
女性	国籍：父系主義 土地：なし（稀に父方から相続）	母から継承	父から継承

出身地の指標である。犬を祖先とする先述の副首長氏族の場合、祖父がレワ地方からこの地に妻方居住で移り住んできたために、移住先のスヴァで新たに犬とヴィアの木をトーテムとして所有した。祖父の妻（祖母）は別の氏族なので、別の木（セイと呼ばれるある種の薬草）を所有していた。このように、トーテム植物は、出身地と父系の系譜に深い関連がある。

スヴァのワインガナケ地域では、一八三五年に北方のナイタシリから移住して来たが、当初、三種類のトーテム植物があっただけだという。その後、この地域はスヴァの中心街に比較的近く、通勤・通学の便が良いために、妻方居住で住む人が多くなり、地方から婚入した夫の出身地のトーテムの木を持ち込むことが増えた（この場合、夫が妻の居住地で自身の土地を所有してから、自分のトーテムの木を植えたことになる）。その際、息子も娘も必然的に父方の土地の出身になるが、娘は嫁入りするので、その子供は夫方（子供から見ると父）の土地を出身地とする。

この問題は、インド系の住民との民族問題にもつながる。先住フィジー人の場合、父親がフィジー出身であれば、その子供はフィジーの出身者になるが、父親がインド系である場合には、たとえ母親が先住フィジー人であっても、子供の国籍はインドになる。政府はインド系の男性の子供もフィジーを出身地にできるようにしようとしているが、まだ立法化されていない。

（2）生殖器の色

植物のトーテムが父系的に継承されるのに対し、生殖器の色は平行継承的である。つまり、息子は父親から、娘は母親から生殖器の色を受け継ぐとされている。これはどういうことなのであろうか。生殖器の色には、褐色、濃褐色、その中間色の三種があるという。その色は、息子は父親から、娘は母親から受け継ぐと考えられている。このような民俗遺伝学的知識を、病院の医師が患者に与えることもあるという。インフォーマントは、生殖器の色は、「血」の遺伝的な強さで決まると説明している。

（3）肌の色の継承

それに対して、肌の色は、父親から娘に、母親から息子に受け継がれるという。したがって、息子の場合、生殖器の色は父親と、肌の色は母親と同じになる。また、娘の場合、肌の色は父親と、生殖器の色は母親と同じになる。その理由は、息子の肌の色が母に似るのは父よりも母の血の方が強く、娘の肌の色が父親に似るのは母よりも父の血の方が強いからだという。

筆者の質問に対してインフォーマントは、「肌の色の継承は、夫から妻、妻から息子、息子からその妻、その妻から息子へと（交互的に）移動する〝血〟の移譲に関係がある」と答えた。この説明から考えると、父方の子供と母の兄弟の子供（交叉イトコ）同士の結婚の理念（交叉イトコ婚）に関連があると推察できるが、その明確な理由を説明することは、今のところ難しい。

以上の植物のトーテムで示される土地相続、生殖器の色、肌の色の継承は、いずれも「血」で表される遺伝子

（文化的ＤＮＡ）の継承観念と結びついており、祖先から受け継がれる神の力にルーツがあると考えられている。言い換えれば、それらの相続・継承は、天の中心の神から「血」を通して伝えられる、個人の意思を超えたつながりの結果とされている（ただし、子供の顔は父母のうちの愛情の深い方に似るといわれる）。

ここで重要なのは、血や系譜でつながる構成や関係そのものではなく、天の中心の神が与える生命力の基礎（源）と個々人の心の中の基礎が、出生とそれに伴う霊の連鎖を通して遺伝的につながるという信念である。つまり、始源の神と自己（self）が、神を源とする血と霊のつながりで結ばれている。

ただし、血のつながりだけで、神と人の関係が規定されるわけではない。むしろ「血」は、神から子孫に伝えられる神秘的力の表現である。それは、血縁的な関係の存在しない他人でも、心の基礎が同じであれば人格や行動も同じとみなされ、血縁者と同じように人格が同じとされることに示されている。

その一例は、同名関係（*yaca*）である。この問題はすでに別稿で記したことがあるので詳細は省略するが[18]、ここで言及しておく必要があるのは、名前という個人の自己（self）表象の共有が、人格の基礎の共有に等しいとみなされることである。名前はふつう父方か母方の血縁者から継承されるが、それを与えた人と受け継いだ人との間には、人格・行動・職業・能力全般の同一性が想定される。例えば、名前を与えた人が銀行員であれば、その名前を受け継いだ人も銀行員になると予想される。それが非血縁者の場合でさえ、キョウダイ同様の関係とみなされる。

繰り返して言えば、心の表象である名前が同じなら、神が与えた心の基礎が同じと判断される。名前は「血」と同様、神が個人に与えた心の基礎の表象であり、それゆえ、名前が人格・行動・職業といった自己表象を規定すると考えられている。「名は体を表す」のである。その意味で名前は、いわば、ある種の文化的遺伝子である。

6. 近代化のなかの「神が創った伝統世界」

今まで論じてきたトーテミズムに関わるデータは、伝統文化が急速に消失しつつあるかに見えるフィジーの都市部でも、ある意味で人々が伝統世界の中に生きていることを示している。それが可能になるのは、逆説的ではあるが、先に見たように、キリスト教という形を変えたトーテミズム的思考が、現在の彼らの文化の中に生きているからである。

現在でも、文化の政治化、価値観の多様化や断片化の議論は続いているが、近代化やグローバル化、商業化、多民族化、観光地化による表層文化の変化が、すなわち過去の伝統との断絶を意味するわけでないことは明らかである。先に指摘したように、フィジー人のキリスト教化が、必ずしもトーテミズム的認識や信念を駆逐するものでも、それと矛盾するものでもなかったことを想起されたい。

オセアニアでは、一九八〇年代以降、ファーサモア（サモア流）、ヴァカヴァヌア（フィジー流）、カストム（ヴァヌアツの慣習）など、西洋流との違いを強調するオセアニア諸国のスローガンが話題となり、それが西洋流に対する伝統主義からの抵抗として論じられたことは記憶に新しい[19]。それは確かに太平洋地域の西洋化を意識した政治的状況で語られた言葉ではあるが、日常生活レベルで言えば、他文化との差異に関する住民の正直な感想と見たほうが、おそらく現実に近い。実際、度々述べてきたように、先住フィジー人に限れば、彼らがトヴォと呼ぶ自らの慣習や生活様式を「神が創った（自然で本物の）形」と考え、それを外来の「不自然」で「偽物」の文化から明確に区別しているからである。

もう一つ指摘しておきたいのは、西洋化によって変化した新たな社会文化と伝統との関係である。確かに、特にフィジーの都市部では、多民族化、観光地化、近代化が進行し、マスメディアや通信が普及し、交通も整備されている。その生活様式も、見た目には大きく西洋化した。しかも、その「伝統的神のつくった秩序」さえもキリスト教化され、ラグビーなどの外来のスポーツを「フィジーのスポーツ」と呼ぶほど、見かけは大きく変貌した。

さらに、先に記したカウニトニ神話のように、フィジーでは、西洋文化との接触後、キリスト教の源流ともいえる中近東からアフリカを経てアメリカからメラネシアへと祖先の足跡をたどる、ローカルな伝統の国家的な再編成が確かに存在した。

しかし、天の中心の神に対する信仰が消滅したわけではなかった。日常生活のレベルでも、伝統の維持と文化の再編成（例えばキリスト教化や観光地化）、あるいはそれに伴う変化や葛藤があったことは否定できないが、別の見方からすれば、そうして形成された「楽園」も、天の中心の始源の神にルーツをたどる伝統的世界と共存しうる世界であった。

繰り返して強調すれば、「世界のすべてのトゥヴォは、最初の神により創造された」とされる。「生活様式（*tovo ni bula*）は心の中にある」というインフォーマントが筆者に語った言葉が、それをよく示している。トゥヴォは文化人類学の古典的な文化の定義に近いものであるが、それは単に社会文化の総合体を意味するだけでなく、個人の「心の中のトゥヴォ」（*tovo ni loma*）」と相補的な関係にある存在とみなされる。

フィジー人の思考では、個人は思考の源ないし基礎（脳）からイメージ（「かたち」*buli*）を形成し、それが生活のトゥヴォ（生活慣習・行動・人格などのすべて）となる。逆に、その生活のトゥヴォは、経験や学習（*vuli*）を通して身体化される。そのいずれのトヴォも神が定めたもので、神が人間の心の中の基礎と霊（*yalo*）をコントロールする。したがって、キリスト教化されてキリストの神に霊が入れ替わったとしても、天の中心の神によって創造されたトヴォに関する信念が変わらない限り、この世界は神が創った形であり続ける。

これをもう少し具体的な事例で補足して説明しよう。例えば、かつて、ある老人が筆者に「リーフにはさまざまな形の穴があるが、同じ生命の水（潮）が入っているから、どれも同じだ。形の違いよりも、中に入っている内容（生命）の方が重要だ」と語ってくれた。つまり、表面的な見かけの違いはあっても、心の形（*tovo*）ないし中身が同じなら、両者は同じものだと言っているのである。

この考え方からすれば、西洋のスポーツであるラグビーが「フィジーのスポーツ」とされるように、たとえ見かけの違う外国由来の文化でも、その「意味（中身）」が同じで天の中心の神の創った形と認められるなら、神から「遺伝的」に受け継がれた「当たり前（自然）」で「本物」の伝統とされることになる。[20] 逆に、外部の人の目にはフィジーの伝統のように見えても、フィジー人がそれを、天の神にルーツをたどる彼らの伝統とみなさないのであれば「不自然」で「偽物」の文化となる。

こうした現地の人々の見方からすると、観光地化したフィジーを伝統文化の消滅、文化の断片化、政治化、多民族化による対抗と見るポストモダニズム的見解は、表層の政治・経済・社会・文化の変化と近代化の優位性を想定し、伝統が消滅し混合化して擬似西洋的な社会へと移行するという、一直線的な進化論的時間の流れを前提とした、外側からの一面的な見方であるように見える。

7. おわりに

本論の冒頭でも述べたように、フィジーのトーテミズムは、デュルケーム派の研究者が主張したような社会文化的レベルの神話という観点からでは説明できないし、フロイトが主張したような人類普遍の個人的無意識に、そのまま還元できるものでもない。[21] また、レヴィ＝ストロースの主張した、分析的に区別される自然と文化の二項対立と記号論的に表象される無意識に帰一できるともいえない。

フィジー人のトーテミズムは、それらのいずれの見解とも関わりはあるが、本論で提示したデータは、グローバル化・都市化が進みつつも、人々がそれを、固有の自然観（神の創造した動かしがたい伝統）と生活世界の脈絡で、感覚的・生理的・論理的・経験的に身体化し、共有していることを示している。つまり、トーテムは、個々人を超越した記号や宗教・集団レベルの表象というよりは、彼らの現代の生活世界において、天の中心の神と個々の人間とを霊的・遺伝的・血縁的・文化的に結ぶ媒体として生きているのである。

こうした見方からすると、観光地化やキリスト教化が進んだフィジーにおいてトーテミズムが存在するのは、矛盾とは言えない。西洋起源の伝統は先住フィジー人の伝統からは区別されるが、「それが自然な形（天の神が創造した伝統）として受け入れられたときには、彼らのトヴォ（生活慣習）になる」という先述の彼らの見解に従うなら、現代フィジーにおいて西洋化され観光地化されてできた「パラダイス」そのものが彼らの伝統にもなるというパラドックスも成り立つ。それゆえ、伝統的祖霊信仰からキリスト教に変わった現在、キリスト教の神を「トーテム」として天の中心の神に血縁的な系譜をたどるとき、西洋化やキリスト教化により形成された新たな生活世界もまた、神の創った彼らの伝統となる。

現在のフィジーの都市部におけるトーテミズムの存在は、伝統の消滅、西洋文化への変化、西洋文化の模倣、あるいはグローカル化といったポストモダニズム的な概念では把握の困難な問題を提起する。それは、外界からの影響を大きく受けながらも、生活世界における住民のローカルな記憶・経験・認識との相互作用の中で形成され共有されているからである。グローバル化も都市化も、時間的に一直線的な変化ではなく、総合的な過程であることを、トーテミズムの事例は示している。

社会文化は、ある面から見れば近代化するが、別の面から見れば伝統的なままである。その意味で、伝統と近代の単なる二分法や対抗論・混合論を超えて、自然観や宗教観を含む世界内存在としての個人（自己）と社会・文化との相互性に関わる統合的な見方を脱構築することで、今後のこの地域の民族誌的研究は、新たな段階を迎えるものと期待される。

注

（1）エミール・デュルケーム、一九八〇（一九〇三）、一九一二（一九四一、改訳版一九七五）他。

（2）フロイトに関する文献は多いが、文化人類学との関わりについては、Edwin R. Wallace 1983. を参照。

（3）ラドクリフ＝ブラウン、一九七〇（一九二二）、C. レヴィ＝ストロース、一九七〇（一九六二）。

（4）本論はスヴァ市の郊外にある先住フィジー人の居住地域を主な研究対象としているが、トーテミズム論の主要な舞台は、オーストラリア先住民であった。フィジーのトーテミズムがどれほどそれに比較しうるかは注意を要する。ただしトゥウェレは、フィジー語のイ・ザヴティ（*i cavuti*）がオーストラリア先住民の始源の時間を意味するドリーム・タイムときわめてよく似ていると指摘している（Tuwere 2002. pp.92-93.）

（5）フィジーのキリスト教の受容過程を研究した橋本和也（一九九六）は、象徴人類学の社会劇と交換・コミュニケーション理論を応用して、その段階を受容・変容・土着化の四段階に分けて分析した。また、フィジーの伝統宗教の変化については、文献資料を中心に分析した春日直樹（二〇〇一）の歴史人類学的研究がある。

（6）Tuwere, Ilaitia S. 2002. p.143.

（7）Thomson, Basil 1892. pp.143-46. Thomas Williams 1982.

（8）Tuwere, Ilaitia 2002. pp.22-3.

（9）一九世紀の半ば以降にフィジーで頻発したトゥカ運動をはじめとする千年王国運動は、明らかに西洋のキリスト教と接触した結果生じた宗教運動であったが、その運動の中で預言者の語るデンゲイ神、エホバとイエス・キリストに入れ替えられた双子の兄弟などが登場する。ワースレイ（一九八一、三四）は、洪水神話でデンゲイとともに生き残った大工の双子の子供（兄弟）について、「もともと聖書の中にはかの聖なる双子の神について書かれていたが、彼らが白人の地に船でたどりつくと、二人の名前はエホバとイエス・キリストに代えられてしまったと（預言者は）説教したのである」（括弧内は引用者補足）と述べている。その運動における預言者のフィジーの伝統的神による楽園の創造の物語が、具体的に、どのように現在のフィジー人のトーテミズム信仰と関係があるかを検証する余裕はないが、そのような宗教運動を通してフィジーの国家統合がすすめられたことは確かである。

（10）Tuwere, Ilaitia 2002. pp.149.

（11）鮫の姿の神はダクワンガ（*Dakuwaqa*）と呼ばれ、フィジーでは広く知られている。舟（カヌー）の底に張り付いて航海を守護するという言い伝えがある。フィジー東部には、鮫をトーテムとする氏族もあると聞く。

（12）マラマヴクはヤレワヴク（*yalewavuku*）とも呼ばれる。マラマもヤレワも女性の意味であるが、マラマはヤレワの尊称である。なお、マラマヴクは伝統的病気の治療法の知識もあるので治療師（*tattara*）でもある。トーテムを治療師は男性もなる能力があるとされる。男性も治療師になりうるが、男女の差異は神の定めによるもので、両性の違いは程度の差にすぎないが、その能力は学習し実行することで得られると考えられている。

（13）河合利光、二〇〇九b。

（14）Tuwere, Ilaitia 2002. pp.41-43.

（15）Tuwere, Ilaitia 2002. pp.113.

（16）「手当て」による助産と治療については、河合利光、二〇一四参照。

（17）関連の文献は多いが、近年の動向については、P. J. Stewart and A. Strathern 2001, 栗田博之、二〇一一等を参照されたい。

（18）河合利光、二〇〇九a、一二九〜一四一頁。二〇〇九b。
フィジー人は「血」のつながりを生物学的・遺伝的なつながりと考えているが、それは天の神からの系譜、マナの力、遺伝的能力、トーテムとの系譜的関係など、自然・社会・文化の複合的要素を含む文化的概念である。同名関係は、その好例である。家族・親族論も、環境問題や生殖医療による自然（身体）への介入という変化に合わせて、「自然」としての血縁や身体の意味が問い直されつつある（河合利光、二〇一二、二〇一四参照）。

（19）ホテルで演じられるメケ・ショー（ダンス）のように、伝統文化が日常生活から脱脈絡化して、客体化され政治化することがあることを、否定するものではない。本書で言う文化は、むしろ生活世界に生きる人々の思考や認識体系の意味に近い。

（20）ラグビー、サッカー、バスケットボールのような西洋のスポーツが「フィジーのスポーツ」とされるに至ったのは、フィジー人のナショナル・アイデンティティと結びついたために浸透したという説明もありうる。しかし、ここで注目しておきたいのは、それらの球技を含むスポーツとフィジーの伝承的遊び（共に *gito* と呼ばれる）との認識的共通性である。フィジー人にとって、彼らの伝統であるか否かは、見かけの違いではなく、その形のうちに含まれている内容である（この問題については、拙論、一九九三を参照されたい）。したがって、見かけは西洋風のスポーツでも、伝承遊びと同じであることは「頭の中のトヴォ（認識）が同一であることを示していると考えられるからである。

（21）なお、フロイトの精神分析だけでなく、デュルケーム社会学でもレヴィ＝ストロースの構造主義人類学でもトーテミズムの心理的重要性を無視しているわけではない。ただし、本論では、生活世界において、住民が感覚的・経験的に共有する、自己（身体）認識と社会文化的表象との全体的・動態的関係性の視点を重視した。

あとがき

本書で取り上げたフィジーとその周辺の島々は、南海の楽園のイメージで語られることが多い。それは、しばしば、植民地化の過程で構築された楽園幻想であるとか、外国のメディアや観光・旅行業者により商業主義的に形成されたものと論じられた。

産業化の進んだ諸国から異文化を見るそうしたプリミティズムやユートピア思想的まなざしの再検討は今でも興味あるテーマであるが、ここでは深く言及しなかった。確かに、急速に進むグローバル化に歩調を合わせ、現代の世界は大きく変化し再編されつつある。オセアニアでも、一九六〇年代に始まる太平洋ツーリズムの興隆に象徴されるような、観光地化を含む国際化の進行により、大きく変化した。外国人の往来も増え、それを迎えるための施設の整備や社会的対応、及びそれに合わせた伝統文化の混乱や再構築があったことは否めない。しかし、本書で明らかにしたように、オセアニア、特にフィジーとその周辺地域では、西洋化した環境を含め、自らの世界を神が創造した伝統世界であるとも見ている。

オセアニアでは、一九六三年に西サモア（現サモア）が最初に独立してから、すでに半世紀を超えた。本書では、その後、観光地化や西洋化ないし近代化が進み、地域的・政治経済的・文化的連帯関係と統合化が形成されてきた現在のオセアニア、特にフィジーとその周辺地域を、現地に住む人びとの視点から捉えようと試みた。とりわけ、キリスト教、食文化、ジェンダー、国家形成などの諸問題を通して、そこに生きる人びとの生活世界（文化）を、文化（経験）現象学的な立場から記述した。

本書は、筆者のその目的に合わせ、既発表の論文、講演・研究会記録などを大幅に改編して新たな章を書き加え、一冊の本にまとめたものである。既発表のものも、ほとんど実質的に別の内容になっているが、各章への補足を兼ね、掲載に至った経緯をそれぞれ説明することで、関係者及び関係諸機関の方々への謝辞に代えたい。

まず第1章は、石森秀三氏（現北海道開拓記念館館長）が当時、研究代表者として開催されていた国立民族学博物館の観光人類学の共同研究会、「旅と観光に関する民族誌的研究」（一九八八〜一九八九）と「観光現象の総合的研究」（一九九一〜一九九三）に参加していた時の研究成果の発表に備えて準備していた原稿が下地になっている。残念ながら、氏の研究会での発表の機会は逸したが、幸い、後に南山大学の文化人類学研究会（同大学教授森部一氏主催）に招かれた折に、その一部を「フィジー・ヴィチレヴ島の空間構成─町と港の位置をめぐって」（一九九九年一二月）と題して発表する機会を得た。その原稿は、某出版社の本の一章として収録される予定であったが、都合により実現されなかった。

ただし本書第4章で紹介したように、近代化され変化した社会の経験現象学的研究は、その後も筆者の関心の一つであり続けたし、欧米諸国のオセアニア研究でも類似の視点からの研究が目立つようになった。今振り返ると、それはその後の欧米諸国のオセアニアの研究動向（本書第5章注16参照）にも適うものであった。本書では、最初に脱稿してから、すでにかなりの時間が経過しているため、その後のオセアニアの民族誌的研究の展開とフィジー社会の変化を踏まえ、サードネスの視点を加えて書き直し、それを本書の序章として置くことにした。

第2章は、既述の論文（本書参考文献、河合二〇〇六、二〇〇九a、b参照）をもとに、フィジー人の社会文化と自然認識をエコソフィー（エコソフィア）的視点から捉えなおし、書き改めたものである。自然認識については、その後、鹿児島大学国際島嶼教育センターの河合渓氏（現同大学教授、センター長）から、同センターの研究会で「フィジー人の自然認識とグローバル化への適応─中部諸島の事例から」（二〇一〇年四月）についてまとめ直し、話す機会を与えていただいた。また、同センターではフィジーでの共同調査も進めていて、偶然ながら、二〇一一年の夏季に、そのスタッフの方々と現地でお会いする機会があったことは、幸いであった。

第3章と第4章は、本書のための書き下ろしであるが、第3章は、兵庫県西宮市の国際交流センターと西宮市教育委員会共催の市民向けの「平成二四年度国際理解講座」での講演「南太平洋の食文化に学ぶ─食と「地酒」（カヴァ）をめぐる人間関係／食から見た国際理解」（二〇一三年三月）をもとに、本書の趣旨に合わせてまとめ直したものである。同委員会社会教育部の野田昭治氏には、特にお世話になった。また、第4章は、かつてオセアニアのポストコロニアル的状況のなかで論じられたヴァヌアツをはじめとする南太平洋の「カストム」論争を、その後のメラネシアの民族誌的研究の進展を踏まえて再考したものである。筆者は、観光地フィジーの調査から、その経験現象学的見方の有用性を確認した。

第5章の「男女の織りなす二次元世界」は、帝塚山短期大学（現帝塚山大学短期大学部）の織物文化研究会（同大学教授植村和代会長）の会誌（本書参考文献、河合二〇〇一b）に寄稿した小文の一部を改稿したものである。本章では、そのパンダヌスマットの織りなす「かたち」の形成や図柄のデザインをミクロネシア連邦のチュークと比較し、フィジー人の社会、行動、文化、記憶とその表象が、より二次元的な空間認識に起因することを指摘した。

第6章のオセアニアの「第三の性」に関する章も、既発表の論文（本書参考文献、河合二〇一三）を改稿したものである。その論文は筆者が京都大学中心拠点、現代インド地域研究「第2回現代インド人類学セミナー・第2グループ」（人文科学研究所教授田中雅一氏主催、二〇一一年六月）で、インドとの比較のため語った内容が出発点になっている。その時は、手元にある限られたデータで着想を述べるに留めたが、その直後の八月から九月に予定していたフィジーでの調査で、偶然にもより詳しいデータを収集できた。本章は、その後に執筆した論考（本書参考文献、河合二〇一三）をもとに、本書の目的に合わせて書き改めた。

本章では、特に、社会文化レベルの媒介としてのサードネスの認識と、子供の成長過程におけるサードジェンダー（第三の性）との関連性に注目した。従来のオセアニア研究における子供の成長とジェンダー差に関する多くの理論は、生物学的普遍主義と社会・文化的構築主義の間で揺れ動いてきたが、フィジーのデータは、生物学的・遺伝学的な現象としての生命・記憶・成長・性差も、社会文化的現象としての自然観や生命の循環・記憶・成長・性差も、始源の力（中心）とサードネスという共通の前概念的認識に帰一することを示している。筆者は、子供の成長も性差（両側の性）も、始源の力である天の中心の神が創造した自然の「かたち」（伝統）であり、その神の定めた「かたち」こそエコソフィー的ないしメログラフィー（相互浸透：本書参考文献、河合二〇一二b、三一〜三二頁参照）的な、伝統的で真正な彼らの文化・慣習であることを明らかにした。

最後の第7章は本書のために書き下ろしたものである。第6章までの議論を踏まえ、第1章で提起された島空間の両側性、両側を統合するサードネスとしての祖神（蛇神）の認識的意味、及びキリスト教化と国家形成を経て現存するフィジー人の経験世界を、自らの神が創った伝統的世界（自然の「かたち」）と見る住民の逆説的な思考がここで考察される。

冒頭で述べたように、本書は、筆者がこの一五年ほどの間に公表してきた論文や講演記録などをもとに加筆・訂正をおこない、さらに新たな章を書き加えて一冊の本にまとめたものである。こうした機会がなければ、日常の雑務に追われていた当時、まとめる機会を失っていた可能性のあるものもある。また、ここに至る過程で、大勢の方々からご意見やご助言、あるいはご質問などをいただいた。先に名前を挙げた方々だけでなく、共同研究会や共同調査で共に活動したメンバー、調査地や関係諸機関の人々など、ご協力やご助言をいただいた多くの皆さんに御礼申し上げる。

なお、本書に掲載した写真は、原則として自身のものを使用したが、かつて国際協力でソロモン諸島に滞在していたアメリカ合衆国のビル・エザード（Bill Ezzard）氏から、かつて送っていただいた写真（口絵二頁目の下の写真）を、ここに掲載させていただいた。またフィジーの研修旅行で撮影した写真を、園田学園女子大学総合生涯学習センター・シニア専修コースの受講生（二〇一一年当時）の新川緑さんと徳増貞子さんより拝借した。ここに記して感謝申し上げたい。

最後になるが、長年の筆者の懸案となっていた本書を、こうして世に問うことができたのも、時潮社の相良景行氏と相良智毅氏のおかげである。本書の出版についてご相談したところ、出版環境の厳しい中、快受していただいた。今までにもすでに度々お世話になってきたが、改めてここに御礼申し上げたい。

二〇一四年一〇月吉日

河合利光

図表一覧

写真一覧

参考文献

伊藤眞
　二〇〇三「女の心をもつ〈かれら〉―インドネシアのチャラバイ」松園万亀雄編『性の文脈』くらしの文化人類学4　雄山閣
大谷裕文
　一九九七「異人と国家―トンガの場合」塩田光喜編『海洋島嶼国家の原像と変貌』アジア経済研究所　研究双書473
春日直樹
　二〇〇一『南太平洋のラスプーチン―ヴィティ・カンパニ運動の歴史人類学』世界思想社
春日直樹編
　一九九九『オセアニア・オリエンタリズム』世界思想社
河合利光
　一九八六「オセアニアの人と生活」関西オセアニア協会編『オセアニアへの道―海外調査報告』関西オセアニア協会
　一九九一「ミクロネシア・トラック諸島民の世界観―カチャウ（石、コシャエ島）崇拝論再考」『園田学園女子大学論文集』二五号、一二七～一四三頁
　一九九三「フィジーの政治とスポーツ―人体の幾何学試論」森部一他編『文化人類学―現代の風景』中央法規出版
　一九九五「親族関係のヤム芋モデル―生命観よりみたフィジーの交叉イトコ婚」『園田学園女子大学論文集』三〇号（二）、二一～四四頁
　一九九七「フィジーの儀礼過程―生命循環の形象認識をめぐって」『園田学園女子大学論文集』三二号、一～一五頁

一九九八「母系出自の中心と周縁―ミクロネシア・チューク環礁における形象認識」大胡欣一・他編『社会と象徴―人類学的アプローチ』（村武精一教授古希記念論文集）岩田書院
二〇〇一ａ『身体と形象―ミクロネシア伝承世界の民族誌的研究』風響社
二〇〇一ｂ「フィジーの編物―男女の織りなす世界」『はた』第八号　織物文化研究会（帝塚山大学短期）第八号、二四～三六頁
二〇〇二「国家を支える力―フィジー中部諸島のリーダーシップ」河合利光編『オセアニアの現在―持続と変容の民族誌』人文書院
二〇〇六「食のタブーとエコデザイン―フィジー・ブレタ空港周辺の生活環境の再編と統合」『園田学園女子大学論文集』四一号、一一五～一三八頁
二〇〇九ａ「身体与生命体系―南太平洋斐済群岛的社会文化传承」『开放时代』第7期・第205期（訳／姜娜・校／麻国慶）一一九～一四一頁
二〇〇九ｂ『生命観の社会人類学―フィジー人の身体・性差・ライフシステム』風響社
二〇一一「奇数は鬼数か―ミクロネシアの民話『片側人間』考」『園田学園女子大学論文集』第四五号、一八一～一九四頁
二〇一二ａ「言霊の記号性―ミクロネシア・チューク語の伝承的言語理論と文化認識」『園田学園女子大学論文集』四六号、一五九～一七二頁
二〇一二ｂ「家族・親族研究の復興の背景」河合利光編『家族と生命継承―文化人類学的研究の現在』時潮社
二〇一三「オセアニアの『第三の性』再論―フィジー・スヴァ市の子供の成長と人格形成の民族誌的事例から」『園田学園女子大学論文集』第四七号、一四一～一五四頁
二〇一四「タッチングによる助産と治療―フィジー人の伝統医療と健康観をめぐって」『園田学園女子大学論文集』第四八号

二〇〇三『オセアニアの現在―持続と変容の民族誌』人文書院
菊岡保江・小網律子
一九七八『タパ・クロースの世界』源流社
菊池律子
一九九九『標準フィジー語入門』東京外国語大学アジア・アフリカ言語文化研究所
キルハム、クリス
一九九八（一九九六）『カヴァ―楽園に眠る自然薬』（衣川湍水訳）フレグランスジャーナル社
栗田博之
二〇一一「生殖と身体―民俗生殖論のその後」河合利光編『家族と生命継承―文化人類学的研究の現在』時潮社
倉光ミナ子
二〇〇二「ファファフィネテーラーを追っかけろ！―サモアのジェンダーと「衣」を巡る調査から」『日本オセアニア学会ニューズレター74号、一～九頁
小池誠
二〇〇五（編）『アジアの家社会』アジア遊学74　勉誠出版
二〇一二「「家」の存続と生命観―レヴィ＝ストロース以後の家社会論」河合利光編『家族と生命継承―文化人類学的研究の現在』時潮社
白川千尋
二〇〇五『南太平洋における土地・観光・文化―伝統文化は誰のものか』明石書店
ジョンソン、マーク
一九九一（一九八七）『心の中の身体―想像力へのパラダイム転換』（菅野盾樹・中村雅之訳）紀伊國屋書店
須藤健一編
二〇一二『グローカリゼーションとオセアニアの人類学』風響社

棚橋訓
一九九九「ポリネシアでジェンダーについて考える―性現象をめぐる若干の提言」『社会学論叢』三四号、四九頁
ツイアビ
一九八一『パパラギ―はじめて文明を見た南海の酋長ツイアビの演説集』（岡崎照夫・訳）風間書房
フリーマン、デレク
一九九五（一九八三）『マーガレット・ミードとサモア』（木村洋二訳）みすず書房
デュルケーム、エミール
一九八〇（一九〇三）『分類の未開形態』（小関藤一郎訳編）法政大学出版局
一九四一（一九一二）『宗教生活の原初形態』（古野清人訳）上巻・下巻、岩波文庫（改訳版一九七五年）他
ネス、アルネ
一九九七（一九八九）『ディープ・エコロジーとは何か―エコロジー・共同体・ライフスタイル』（斉藤直樹・関龍美）文化書房博文社
橋本和也
一九九六『キリスト教と植民地経験―フィジーにおける多元的世界観』人文書院
信田敏宏・小池誠編
二〇一三『生をつなぐ家―親族研究の新たな地平』風響社
フリードマン、H.
二〇〇六『フード・レジーム―食料の政治経済学』（渡辺雅男・記田路子訳）こぶし書房
マキロイ、ロバート
一九八八「私の異文化体験」『異文化への理解』東京大学公開講座　東京大学出版会
ミード、マーガレット
一九二八（一九七六）『サモアの思春期』（畑中幸子・山本真鳥訳）蒼樹書房

ラドクリフ＝ブラウン、A.R.
一九七〇（一九五二）『未開社会の構造と機能』（青柳真智子訳）ぺりかん社
レイコフ、G.／M.ジョンソン
一九八六（一九八〇）『レトリックと人生』（渡辺昇一、他訳）大修館書店
レヴィ＝ストロース、C.
一九六二『今日のトーテミズム』（仲沢紀雄訳）みすず書房
ロム・イターナショナル
一九九〇『フィジー、ニューカレドニア、メラネシアの旅』エアリアガイド一一二、第八版、昭文堂
山路勝彦
二〇一一「トンガのファカレイティ―ポリネシアにおける「第三の性」」『関西学院大学社会学部紀要』第一一一号、三九〜五四頁
山中速人
一九九二『イメージの〈楽園〉―観光ハワイの文化史』（ちくまライブラリー74）筑摩書房
山本真鳥
二〇〇四「ジェンダーの境界域―ポリネシア社会の男の女性」山本真鳥編『性と文化』法政大学出版局
吉岡政徳
二〇〇五『反・ポストコロニアル人類学―ポストコロニアルを生きるメラネシア』風響社
ワースレイ、ピーター
一九八一『千年王国と未開社会―メラネシアのカーゴ・カルト運動』（吉田正紀訳）紀伊国屋書店
Anderson, Strid.
2011. *Landscapes of Relations & Belonging: Body, Place and Politics in Wogeo, Papua New Guinea.* New York &

Oxford: Berghan Books.

Battaglia, Debbora.

1990. *On the Bones of the Serpent: Person, Memory and Mortality in Saberl Island Society*. Chicago: University of Chicago Press.

Besnier, Niko.

1994. Polynesian Gender Liminality Through Time and Space. In G. Herdt ed., *Third Sex, Third Gender*. New York: Zone Books.

2002. Transgenderism, Locality, and the Miss Galaxy Beauty Pregnant in Tonga. *American Ethnologist*, vol.29 (3), pp.534-566.

Bott, Elizabeth.

1972. Psychoanalysis and Ceremony. In J. S. La Fountain ed., *The Interpretation of Ritual*. London: Tavistock.

Brison, Karen.

2001. Constructing Identity through Ceremonial Language in Rural Fiji. *Ethnology*, vol.XL (4), pp.309-27.

Carsten, Janet ed.

2000. *Cultures of Relatedness: New Approaches to the Study of Kinship*. Cambridge: Cambridge University.

2004. *After Kinship*. Cambridge: Cambridge University Press.

Carter, John ed.

1980. *Fiji Handbook and Travel Guide*. Sydney & New York.

Christian, Douglass D. St.

2001. *Elusive Fragments: Making Power, Property & Health in Samoa*. Durham: Caroline Academic Press.

Collocott, E.E.U.

1927. Kava Ceremonial in Tonga. *Journal of the Polynesian Society*, vol.36, pp.21-47.

Connerton, Paul.

1989. *How Societies Remember*. Cambridge: University Press.

Csordas, Thomas.

1990. Embodiment as a Paradigm for Anthropology. *Ethos*, 18, pp.5-47.

1994a. *The Sacred Self: A Cultural Phenomenology of Charismatic Healing*. Berkeley: University of California Press.

1994b. *Embodiment and Experience: The Existential Ground of Culture and Self*. Cambridge: Cambridge University Press.

1999. Embodiment and Cultural Phenomenology. In Gail Weiss and Honi Harber ed. *Perspectives on Embodiment*. New York: Routledge.

2002. *Body/Meaning/Healing*. New York: Palgrave Macmillan Press.

Deacon, Bernardk.

1927. The Regulation of Marriage on Ambrym. *Journal of the Royal Anthropological Institute*, vol.57, pp.325-42.

Derrick, A.R.

1946. *A History of Fiji*. Suva: Government Press.

Ferran, Sue.

2004. Transsexuals, Fa'fafafine, Fakaleiti and Marriage Law in the Pacific: Considerations for the Future. *Journal of the Polynesian Society*, vol.113-2, pp.119-42.

Hoën, Ingjerd and Sidsel Roalkvam eds.

2003. *Oceanic Socialities and Cultural Forms: Ethnographies of Experience*. New York and Oxford: Berghahn Books.

Hocart, A.M.

1913. Fijian Heralds and Envoys. *Journal of the Royal Anthropological Institute*, vol.43: 109-18.

1929. *Lau Islands, Fiji*. B.P.Bishop Museum Bulletin, No.62. Honolulu: Bishop Museum.

Hviding, Edward.

1996. *Guardians of Marovo Lagoon: Plactice, Place, and Politics in Maritime Melanesia*. Pacific Islands Monograph Series 14. Honolulu: University of Hawaii Press.

2003. Disentangling the Butubutu of New Georgea: Cognatic Kinship in Thought and Action. In I. Hoën and S. Roalkvan eds. *Oceanic Socialities and Cultural Forms*. Oxford: Berghahn.

Kaeppler, Adrienne L.

1989. Art and Aesthetics. In A. Howard and R. Boroffsky eds., *Development in Polynesian Ethnology*. Honolulu: University of Hawaii Press.

Kaplan, M.

1990. Meaning, Agency and Colonial History: Navosavakadua and the Tuka Movement in Fiji. *American Ethnologist*, vol.17, pp.3-22.

Kay, Rob.

1986. *Fiji: A Travel Survival Kit*. Victoria and California: Lonely Planet Pub.

Kawai, Toshimitsu ed.

1998. *Chieftainships in Southern Oceania: Continuity and Change*. Amagasaki: Japan-Oceania Society for Cultural Exchanges.

Kerr, Donnelly J.A. and T.A.

1969. *Fiji in the Pacific: A History and Geography of Fiji*. Brisbane: The Jacaranda Press.

Leach, Edmund.

1972. The Structure of Symbolism. In J. S. La Fountain ed., *The Interpretation of Ritual*. London: Tavistock.

Lesterr, R.H.

1941/1942. Kava Drinking in Vitilevu, Fiji. *Oceania*, vol.X, pp.273-85, vol.XII., pp.226-54.

Mageo, Jeannette M.

1992. Male Transverstism and Cultural Change in Samoa. *American Ethnologist*, 19（3）, pp.443-59.

Mimica, Jadran.

2011. Phenomenological Psychoanalysis: The Epistemology of Ethnographic Field Research. In Tore, Christine and Joao de Pina-Cabral eds., *The Challenge of Epistemology: Anthropological Perspectives*. New York and Oxford: Berghahn Books.

Rio, Knut Mikjel.

2007. *The Power of Perspective: Social Ontology and Agency on Ambryo, Vanuatu*. New York & Oxford: Berghahn Books.

Ritchie, Barbara.

1983. *A Sense of Place in Society: The Role and Significance of the House in Tonga*. Master's Theses.

Robertson, C.E.

1989. The Mahu of Hawaii. *Feminist Studies*, 5（2）, pp.313-326. Ross, Marc Howard.

2009. Cultural Contestation and the Symbolic Landscape. In M. H. Ross ed., *Culture and Belonging in Divided Societies: Contestation and Symbolic Landscapes*. Philadelphia: University of Pennsylvania Press.

Ross, M.H.

2009. ed. *Culture and BeLonging in Divided Societies: Contestation and Symbolic Landscapes*. Pennsylvania: University of Pennsylvania Press.

Roth, G.K.

1953. *Fijian Way of Life*. Oxford: Oxford University Press.

Sahlins, Marshall.

1962. *Moala: Culture and Nature on a Fijian Island*. Ann Arbor: The University of Michigan Press. pp.208-300.

1976. *Culture and Practical Reason*. Chicago: University of Chicago Press.（M・サーリンズ『人類学と文化記号論―文化と実践理性』（山内昶訳、法政大学出版局、一九八七）

1981. *Historical Metaphors and Mythcal Realities*. Michigan: University of Michigan Press.

1983. Raw Women, Cooked Men, and Other "Great Things" of the Fiji Islands. In P.Brown and D.Tuzin eds., *The Ethnography of Cannibalism*. Special Pub., Society for Psychological Anthropology, Washington, D.C.

1985. *Islands of History*. Chicago: University of Chicago Press.（第三章、上野千鶴子訳「ストレンジャー・キング、あるいはフィジーのデュメジル」『現代思想』一九八四年四月号。単行本：山本真鳥訳『歴史の島々』法政大学出版会、一九九三年）。

Shore, Brad.

1981. Sexuality and Gender in Samoa. In S. Ortner and H. Whitehead eds., *Sexual Meanings: The Cultural Construction of Gender and Sexuality*. New York: The Press Syndicate of the University of Cambridge.

Stanley, David.

1986. *South Pacific Handbook*. California: Moon Publications. Third Editions.

Stewart, Pamela and Andrew Strathern.

2001. *Humors and Substances: Ideas of the Body in New Guinea*. Westport et al: Bergin & Garvey.

Stewart, Pamela and Andrew Strathern eds.

2003. *Landscape, Memory and History: Anthropological Perspectives*. London et al: Pluto Press.

2011. *Kinship in Action: Self and Group*. Boston et al: Prentice-Hall.

Tanner, Adrian.

1996. Colo Navosa: Local History and the Construction of Religion in the Western Interior of Viti Levu, Fiji. *Oceania*, Vol. 66 (3), pp.238.

Thomas, Nicholas.

1991. *Entangled Objects: Exchange, Material Culture, and Colonialism in the Pacific*. Cambridge et al: Harvard University Press.

1997. *In Oceania: Visions, Artifacts, Histories*. Durham and London: Duke University Press.
Thomson, Basil.
1892. The Land of Our Origin. *Journal of the Polynesian Society*. pp.143-46.
1908. *The Fijians: A Study of the Decay of Custom*. London: William Heinemann.
Thompson, Raura.
1940. *Southern Lau, Fiji: An Ethnography*. Honolulu: B.P.Bishop Museum, Bulletin 162.
Toren, Christine.
1989. Drinking Cash: The Purification of Money Through Ceremonial Exchange in Fiji. In J. Parry and M. Bloch eds., *Money and the Morality of Exchange*. Cambridge: University Press.
1990. *Making Sense of Hierarchy: Cognition as Social Process in Fiji*. London School of Economics Monographs on Social Anthropology, 61. London: The Athlone Press.
Toren, Christine and João de Pina-Cabral eds.
2011. *The Challenge of Epistemology: Anthropological Perspectives*. New York and Oxford: Berghahn Books.
Tuivaga, Jessie.
1988. Fiji. Taiamoni Tongamoa ed., *Pacific Women: Roles and Status of Women in Pacific Societies*. Suva: Uviversity of the South Pacific.
Turner, James W.
1986. The Water of Life: Kava Ritual and the Logic of Sacrifice. *Ethnology*, vol.25, pp.203-14.
1992. Ritual, Habitus, and Hierarchy in Fiji. *Ethnology*, vol.XXX（4）, pp.291-302.
Tuwere, Ilaitia S.
2002. *Vanua; Towards A Fijian Theology of Place*. Institute of Pacific Studies. University of the South Pacific and College of St. John the Evangelice.

Vusoniwailala, Lasarusa.

1980. Tourism and Fijian Hospitality. In Lata 'Akau' ola et al, *Pacific Tourism: As Islanders See It*. Suva: The Institute of Pacific Studies of the University of the South Pacific.

Wallace, Edwin R.

1983. *Freud and Anthropology: A History and Reappraisal*. New York International Universities Press, INC.

White, Carmen W.

2005. Fijian Males at the Crossroads of Gender and Ethnicity in a Fiji Secondary School. *Ethnology*, vol.44 (4), pp. 313-16.

2007. Schooling in Fiji. In Campbell, Graig and Geoffrey Sherington eds., *Going to School in Oceania*. Westport et al: Greenwood Press.

Williams, Thomas.

1982. *Fiji and Fijians*. vol.1, Suva: Fiji Museum. First Published in London, 1858.

項目索引

あ

か

さ

た

な

は

ま

や

ら

わ

地名索引

な

は

ま

や

ら

わ

人名索引

あ

か

さ

た

な

は

ま

や

ら

わ

著者略歴：河合利光

東京都立大学大学院社会科学研究科博士課程修了。現在、園田学園女子大学名誉教授。同大学・大阪大学講師。社会人類学博士。主な著書・編著：『身体と形象』（単著、風響社）、『生命観の社会人類学』（単著、風響社）、『オセアニアの現在―持続と変容の民族誌』（編著、人文書院）、『比較食文化論―文化人類学の視点から』（編著、建帛社）、『食からの異文化理解』（編著、時潮社）、『世界の食に学ぶ―国際化の比較食文化論』（編著、時潮社）、『家族と生命継承―文化人類学的研究の現在』（編著、時潮社）、他。

神が創った楽園
オセアニア／観光地の経験と文化

2015年1月31日 第1版第1刷　定　価＝3000円＋税
著　者　河　合　利　光　Ⓒ
発行人　相　良　景　行
発行所　㈲　時　潮　社
174-0063 東京都板橋区前野町 4-62-15
電 話（03）5915-9046
FAX（03）5970-4030
郵便振替　00190-7-741179　時潮社
URL http://www.jichosha.jp
E-mail kikaku@jichosha.jp

印刷・相良整版印刷　製本・壷屋製本

乱丁本・落丁本はお取り替えします。
ISBN978-4-7888-0697-9